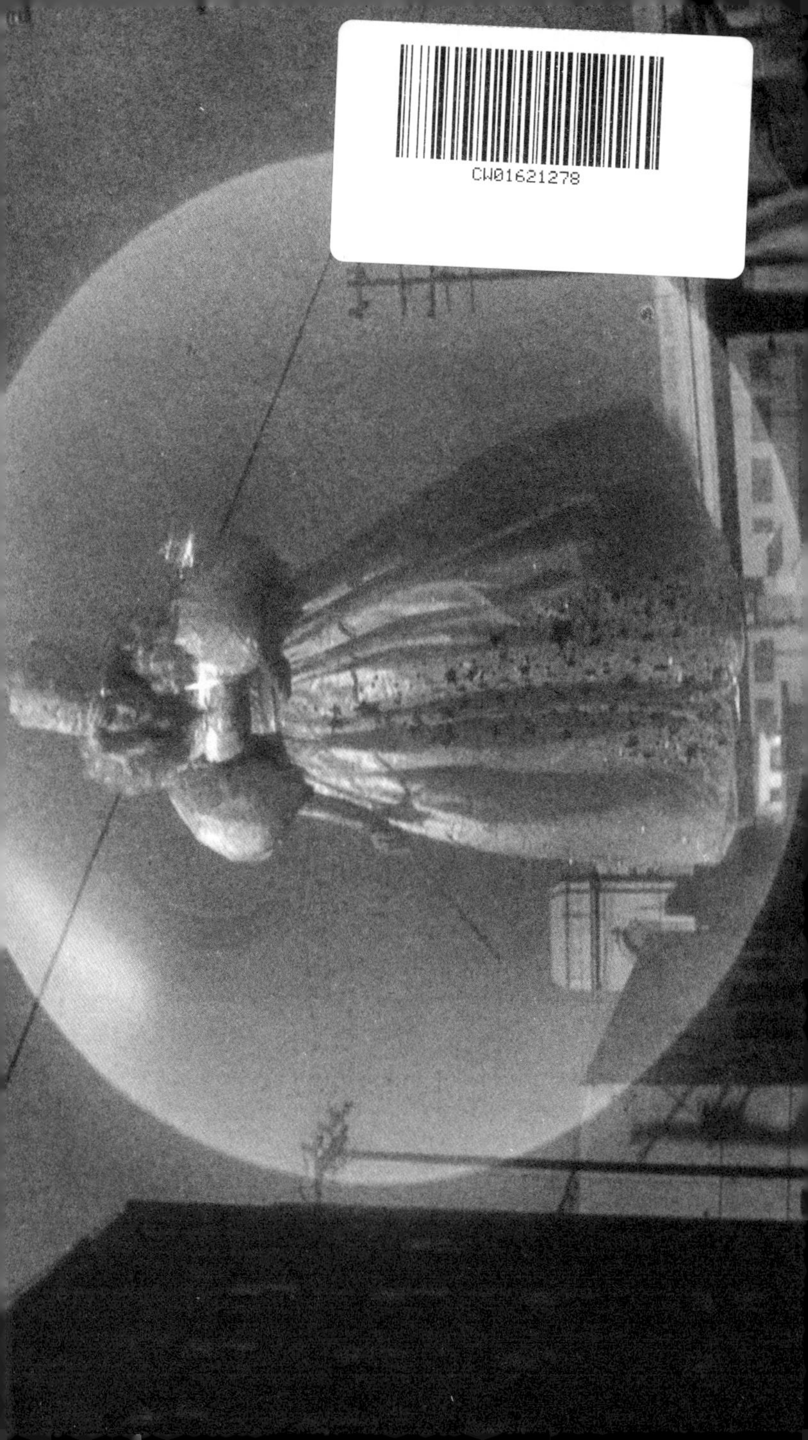

**Directeur :** Thierry Lounas
**Responsable des éditions :** Camille Pollas
**Coordination éditoriale :** Maxime Werner
**Correction :** Tiphanie Maubon

**Conception graphique de la collection :** gr20paris
**Couverture et réalisation de la maquette :** Juliette Gouret, Clarisse Espada


isbn 979-10-239-0794-0

Remerciements de l'auteur :

Merci à Jean-Baptiste Viaud, pour tout : les « JJL *movies* » avec toi, c'est ma maison.

Merci à mes amies, mes amis, notamment Raphaël Guerrero et Rémi Giordano qui aiment aussi les actrices.

Merci à mes parents Yannick et Étienne, ma sœur Camille, ma cousine Émilie.

À la mémoire de Pablo Fustec.

Capricci remercie Hervé Aubron.



Ouvrage publié avec le concours du
**Centre national du livre**

Capricci
editions@capricci.fr
www.capricci.fr

Page précédente : Sheryl Lee dans *Sailor et Lula* de David Lynch.

THOMAS STÉLANDRE

# ACTRICES-SORCIÈRES

« Le cinéma est un art de la femme, c'est-à-dire de l'actrice. Le travail du metteur en scène consiste à faire faire de jolies choses à de jolies femmes. »

François Truffaut,
***Les Films de ma vie***

« On sentait soudain que tout était possible, et peut-être aussi que la joliesse inoffensive, la gentillesse gazouillante n'étaient pas le seul destin féminin envisageable. »

Mona Chollet,
***Sorcières***

« On est des sorcières, on est des actrices. »

Béatrice Dalle,
***Vanity Fair***

Quand j'étais petit, ma grand-mère me lisait des histoires pour m'endormir. Je me souviens que le moment où la sorcière apparaissait était toujours mon préféré. J'espérais à chaque fois qu'il soit plus long. Que la sorcière ne soit plus seulement un personnage secondaire, mais le plus important. Je voulais savoir ce qu'elle faisait dans sa maison en pain d'épices avant que les enfants viennent frapper à sa porte. Je comprenais sa colère de ne pas avoir été invitée au baptême. J'étais contrarié quand on la poussait dans le four ou du haut du ravin car c'était m'empêcher d'imaginer une suite à son aventure à elle. Si bien que la plupart des contes ne me convenaient pas. J'avais fini par trouver une solution en demandant à ma grand-mère de me raconter des « histoires de sorcières » : des histoires qui leur soient entièrement dédiées et où les enfants perdus, les fées, les princes, les rois et les reines seraient relégués au second plan; des histoires où la méchante ne mourrait pas à la fin et où elle serait présente dès le début. Elle commença par improviser et, soir après soir, ses histoires devinrent de plus en plus élaborées. Jusqu'au jour où, pour mon anniversaire, elle m'en offrit une, écrite, illustrée et reliée. J'ai perdu ce petit cahier fait main, mais je me rappelle ses premiers mots : « Dans une forêt où le chemin était à peine tracé… »

Ce goût pour les histoires de sorcières a grandi avec moi et s'est étendu à tous les domaines de l'art : sorcières en littérature, en musique, au cinéma. Je ne parle pas seulement de la représentation des sorcières – souvent éloignée du souvenir que j'en gardais – mais d'actrices qui, par leur étrangeté, leur rapport à la marge, leur force, me ramenaient à l'écran dans la même forêt, ou pas loin. Elles n'étaient pas si nombreuses à se démarquer. J'aimais celles qui ne choisissaient ni la joliesse ni la gentillesse. J'aimais celles qui choisissaient l'autre scénario au risque d'en payer le prix. J'aimais celles qui n'avaient rien choisi et qui pourtant se retrouvaient là, avec ce rôle, et auxquelles j'avais envie de dire : je vous préfère. Il s'agit de parler de ces femmes qui, parfois sans le savoir, ont rendu intelligibles celles et ceux qui manquaient d'images. Les « actrices-sorcières » qu'on trouvera ici, retenues par inclination et instinctivement, sont pour la plupart très différentes, mais toutes me paraissent sortir du rang en incarnant la possibilité d'une autre voie. Dans les films, dans la vie, elles auront été autre chose que des princesses endormies.

# LA BRÛLURE

> « LA SORCIÈRE (*en reculant, les yeux au ciel*) : Très bien, je saurai être patiente… (à DOROTHY)
>
> Et quant à toi, ma chère, même si je ne peux pas me charger de ton cas maintenant, on se retrouvera – tu verras ! Je t'aurai, ma jolie, et ton petit chien aussi !
>
> *Éclatant de rire, elle tourbillonne, puis disparaît dans une explosion de fumée et de feu, et dans un coup de tonnerre.* »[1]
>
> Noel Langley, Florence Ryerson
> et Edgar Allan Woolf,
> ***The Wizard of Oz: The Screenplay***

Quand, à la minute 27, elle débarque dans *Le Magicien d'Oz* (*The Wizard of Oz*, Victor Fleming, 1939), c'est un coup de tonnerre, une éruption. Verte de rage. La Sorcière. Pour Margaret Hamilton, c'est en fait un retour puisqu'elle jouait la voisine Almira Gulch dans la première partie du film au Texas, voisine que Dorothy (Judy Garland) traitait déjà de « vieille sorcière » à la minute 9 pour avoir voulu lui confisquer son chien Toto – il faut ajouter, et finalement tout commence par là, que le cabot l'avait mordue. La revoilà donc, dans une version hyperbolique du premier personnage : de ravin, « *gulch* » en anglais, à cette présence de volcan. Contrechamp et contre-pied, Dorothy écarquille les yeux, sa bouche forme un « o ». La tension monte (autour de l'enjeu des souliers de rubis, portés par Dorothy et convoités par la Sorcière) et culmine avec l'une des répliques les plus fameuses de l'histoire du cinéma, prononcée index crocheté par Hamilton : « Je t'aurai, ma jolie, et ton petit chien aussi ! » L'ennemie déclarée, hilare, recule ensuite et

1 Faber and Faber, 1989. Notre traduction.

disparaît encore plus spectaculairement qu'à son arrivée, dans un grand «pouf» de fumée rouge suivi d'un champignon de feu. *Éclatant de rire, elle tourbillonne, puis disparaît dans une explosion de fumée et de feu, et dans un coup de tonnerre.*

À l'écran, comme à la lecture du scénario, tout cela s'enchaîne. Sur le tournage, où l'on avance par à-coups, c'est bien autre chose : négocier cette longue didascalie en une prise est un défi. Margaret Hamilton doit attaquer par le rire-caquètement qui lui a valu de décrocher le rôle, s'éloigner de Billie Burke (Glinda la «Bonne Sorcière») et de la jeune Judy Garland en virevoltant dans un mouvement de robe et de chapeau pointu, marcher à reculons sans se prendre les pieds dans sa cape, venir se positionner au bon endroit sur une trappe (en suivant un repère fixé pour elle sur la caméra jusqu'à se retrouver alignée pile face à lui), trappe qui alors s'abaisse dans une fosse à largeur d'épaules le temps d'une descente dont il faut amortir le choc pour ne pas se casser les deux jambes, avant d'atterrir dans un sous-sol de câbles et poulies, à l'envers des pâtisseries du pays d'Oz. Puis viennent la fumée et les flammes – de la pyrotechnie qui ne concerne pas sa prestation à elle; elle, il lui suffit d'exécuter adroitement la chorégraphie et tout le monde pourra aller déjeuner.

Le réalisateur, Victor Fleming, lui donne pour ultime consigne de bien plaquer ses coudes et à présent Margaret a le haut du corps raide et droit, aussi droit que le balai qu'elle tient près de son visage dans le minuscule ascenseur en pleine descente, jambes flexibles, genoux déverrouillés. À cet instant, elle est comme le petit personnage sur la plateforme d'un jeu vidéo, en train d'attendre d'arriver en bas pour finir le niveau.

Simultanément, les fumigènes recouvrent le décor et, quelques secondes après, le feu jaillit. Dans le double-fond secret des coulisses, deux techniciens la réceptionnent. Elle craint le « crac » pour ses articulations. Et pourtant non, rien à signaler quand c'est fini. Car c'est fini : rire, tourbillon, position exacte, descente, génuflexion, réception, fumée, feu. L'ensemble a parfaitement fonctionné. Lorsque Margaret remonte, Victor Fleming est souriant, satisfait. Il lui annonce qu'il veut juste une deuxième prise, au cas où. Pas dans la foulée, puisqu'il est treize heures : l'équipe a faim et c'est la pause.

Après manger, les corps sont plus lourds, plus lents, en pleine digestion. On s'y remet, mais la mécanique se détraque : d'abord, la fumée et les flammes partent trop tard et la Sorcière s'enfonce trop visiblement dans le sol. À la prise suivante, c'est pire, le feu ne se lance pas du tout. Les erreurs se succèdent, Fleming s'impatiente. Il enjoint ses troupes à reprendre leurs esprits : « À la minute où elle pose son pied, je veux que… » Margaret intervient : « Monsieur Fleming, je veux que mes *deux pieds* soient dessus. » Lui : « Oui, évidemment, mais je veux qu'on réussisse cette prise, et tout de suite. » On se précipite donc, et ça s'accélère. Rire, tourbillon, endroit exact, quand tout à coup les flammes surgissent. Elles surgissent et Margaret n'est pas encore en bas. Elles partent trop vite ou la plateforme descend trop tard, on ne sait pas trop. Toujours est-il que l'actrice se retrouve victime d'un numéro de magie raté et qu'elle prend feu.

Le balai lui est arraché des mains, sans qu'elle comprenne très bien pourquoi. Pas plus qu'elle ne comprend les coups sur la tête, bam bam bam. La situation a quelque chose de cocasse et, Margaret n'étant pas du genre à louper un bon mot, c'est une blague pour l'équipe qui lui vient en premier : « Cette fois au moins, tout était dans les temps!» Elle rit, mais pas du rire terrible de la Sorcière, de son rire poli à elle. Sauf que personne ne rit avec elle. Les gens ont l'air abasourdis, ils évitent son regard. Pas d'affolement, se dit-elle : même si le balai et le chapeau brûlent, ça chauffe seulement aux joues. Tout ira bien.

C'est quand elle baisse les yeux que ça ne va plus : la main droite se révèle hideusement à vif, sans peau du poignet aux faux ongles. Le feu a pris depuis la paille du balai pour aller s'épanouir dans le faisceau de brindilles et gagner son profil sur le même côté – front, nez, pommette, lèvre, menton sont touchés, la paupière aussi; les cils et le sourcil, grillés. Margaret ne le sait pas encore, ne voit à cette seconde que sa main levée, meurtrie et verte. Car la Sorcière a la peau couleur Granny Smith, et c'est une autre complication : la peinture, composée de cuivre, est toxique. Chaque soir, le chef maquilleur veille à surtout n'en laisser aucune trace et, malgré cela, la substance s'imprègne peu à peu dans ses pores pour imprimer sur le visage de Margaret une teinte olivâtre dont elle a de plus en plus de mal à se débarrasser. Et voilà que le même maquilleur frotte, frotte, terrifié, avec de l'alcool. La douleur monte, insoutenable. Margaret se retient de crier. Elle serre les dents en attendant que ça passe.

Le médecin du plateau prend la suite et enduit une épaisse couche de crème sur la figure débarrassée de ses protubérances de caoutchouc, faux nez, faux menton, fausse verrue. On ne lésine pas sur le baume ni sur les bandelettes qui recouvrent maintenant la tête de Margaret, l'enrubannent. Restent des fentes pour les yeux, les narines et la bouche. En quelques instants, l'actrice passe de sorcière à momie, et c'est dans cet accoutrement qu'elle quitte escortée les studios, en ayant pris soin de composer le numéro de son domicile pour joindre sa gouvernante. Ça décroche : que son fils reste dans sa chambre, demande-t-elle, elle le verra demain. Il a deux ans et demi, elle trente-six, mère célibataire. Nous sommes le 23 décembre 1938, l'année de son divorce. Elle fait le trajet habituel, Culver City-La Jolla, mais côté passager. Sa journée est terminée, il est 16 heures.

Ce jour-là, Margaret Hamilton fut brûlée au deuxième degré au visage et au troisième à la main. Sa convalescence dura six semaines. À son retour, le 10 février 1939, la production s'assura qu'elle pouvait reprendre : son visage s'était remis, aucune lésion que la peinture verte ne puisse masquer. Elle devrait en revanche porter des gants pour finir le tournage. Elle décida de ne pas engager de poursuite pour éviter d'être blacklistée par la profession, mais posa une condition, non négociable : plus de feu, quel qu'il soit. C'est pour cette raison que sa doublure, Betty Danko, la remplaça dans une autre scène, celle où la Sorcière dessine les mots «*Surrender Dorothy*» («rends-toi Dorothy!») dans le ciel. À califourchon sur le balai, assise sur une selle de vélo dissimulée par sa robe volante, Danko avait pour mission de presser un bouton sur le manche pour faire sortir la fumée d'un pot d'échappement. À la troisième prise, elle presse une fois, deux fois, et à trois le tuyau explose. Onze jours à l'hôpital et une cicatrice permanente à la jambe. Margaret, bien placée pour savoir ce qu'elle traversait, vint lui rendre visite (deux fois).

Ces deux accidents – qui ne furent pas les seuls – sont racontés par Aljean Harmetz dans *The Making of The Wizard of Oz* (1977, réédité en 1989). C'est une enquête passionnante sur la genèse cauchemardesque du film, à laquelle Margaret Hamilton offrit un précieux témoignage et une jolie introduction. On y découvre la femme terre-à-terre qu'elle était et son bon sens commun, d'autant plus manifeste dans la tempête que fut le tournage. Un caractère de boussole qui ne l'empêchait pas d'avoir sa fantaisie. Ses propos rapportés témoignent d'un humour piquant qui, souvent, ramène à soi – elle ne se serait pas moquée de quelqu'un d'autre qu'elle-même. Comme lorsqu'elle évoque dans le livre ses débuts sur scène : « À six ans, j'ai joué la Belle au bois dormant dans la pièce qu'une fille plus âgée avait montée pour notre groupe de couture. L'argent nous permettait de coudre des couches-culottes pour un hôpital pour enfants. C'était ma première apparition et la dernière fois, si je puis dire, où j'ai interprété un canon d'une façon ou d'une autre. » Harmetz ajoute que Margaret rit, « d'un rire sans amertume » : « Elle avait accepté son manque de beauté depuis longtemps, en avait tiré son parti, et même une carrière. »

Belle ou non, la Metro-Goldwyn-Mayer vit en Margaret Hamilton la sorcière idéale, une fois la maison de production arrêtée sur le sens à donner au mot. Pour comprendre le contexte, il faut savoir que le succès inédit de *Blanche-Neige et les Sept Nains* (David Hand) des studios Disney, sorti en 1938, faisait rêver le nabab de la MGM, Louis B. Mayer. C'est sur cette impulsion de convoitise que se lança le projet d'adaptation d'un roman de Lyman Frank Baum publié aux États-Unis en 1900, *Le Magicien d'Oz*. Or, il y avait une sorcière dans *Blanche-Neige*, laquelle figurait, triomphe oblige, le nouveau mètre étalon en la matière. Pour être exact, il y en avait même deux : la très hollywoodienne Méchante Reine (aussi appelée Reine Grimhilde) et, à la suite de sa transformation, la mégère à la pomme avec doigts crochus et verrue sur le nez. Ces deux facettes d'un seul personnage répondent aux deux sens qu'on donne traditionnellement au mot « sorcière » : la sorcière, c'est soit celle qui pratique la sorcellerie (sans caractéristiques physiques particulières, sinon un charme volontiers souligné, signe de sa relation consommée avec le Diable), soit une « femme laide, déplaisante, voire méchante et malfaisante », selon le *Larousse*. Dans cette seconde acception, elle est définie physiquement (laide) et moralement (méchante) dans un même élan – et le qualificatif de « vieille » lui est facilement accolé. (Il n'est pas non plus rare que les deux sens se surimpressionnent : récemment, dans la saga Game *of Thrones*, le personnage de la séductrice Mélisandre se révélait vieille comme Hérode une fois son collier fétiche retiré.)

Face à la représentation de sa sorcière, la MGM est donc à la croisée des chemins. Dans un premier temps, l'actrice d'origine danoise Gale Sondergaard, oscar du meilleur second rôle pour *Anthony Adverse* (Mervyn LeRoy, 1936), est envisagée pour incarner une sorcière glamour, femme « déchue » et ultra-sophistiquée, avec sequins sur le chapeau et sur la robe. Mervyn LeRoy, content d'avoir eu le nez creux en tant que réalisateur, et producteur sur le film, lui fait passer des essais. Les photos de ces tests montrent Sondergaard, du maquillage au voile épousant l'ovale du visage, en quasi-sosie de la Méchante Reine version Disney. Mais cette direction se heurte à beaucoup de critiques en interne, à tel point que LeRoy doit changer son fusil d'épaule. « Les enfants veulent une sorcière affreuse et méchante, annonce-t-il à sa protégée. Et je ne veux pas faire de toi une vilaine sorcière. » Vite remise, Sondergaard admettra plus tard qu'elle n'avait de toute façon « aucune intention de [s]'enlaidir pour le moindre film ». À partir de là, la MGM fait machine arrière et prend l'autre option, l'option pomme et verrue. C'est ainsi que Margaret entre en jeu.

Margaret Hamilton vient au monde à Cleveland (Ohio), au bord du lac Érié, en 1902, deux ans après la parution du *Magicien d'Oz*. À sa naissance, *The Wonderful Wizard of Oz* est déjà un immense succès, emblème à l'aube du siècle d'un renouveau de la littérature pour la jeunesse. Objectif atteint pour Lyman Frank Baum : dans son introduction, l'écrivain (par ailleurs scénariste et acteur lui-même) présentait une histoire écrite «dans le seul but de plaire aux enfants d'aujourd'hui. Elle aspire à être un conte de fées modernisé, qui, tout en conservant l'émerveillement et la joie propres au genre, en bannisse les chagrins et les cauchemars». Sans cauchemar ne veut pas dire sans sorcière : on y trouve, en position d'opposante à l'héroïne Dorothy, la «Méchante Sorcière de l'Ouest». Par sa seule présence, cette dernière incarne précisément une continuation dans l'héritage de Grimm et d'Andersen – la sorcière comme point de repère cardinal du merveilleux, indiquant une direction, balisant un territoire. Sa dimension d'avant-garde s'exprimait à la fois par son «œil unique, aussi puissant qu'un télescope» (selon le texte) et ses extravagantes tresses de fillette (selon les dessins). Margaret a quatre ans et tout ce qu'elle sait, en tournant les pages, c'est qu'elle adore le livre, comme des milliers et des milliers de petits Américains.

Près de soixante-dix ans plus tard, dans une émission télévisée destinée aux enfants (*Mister Rogers' Neighborhood*, 1975), le présentateur, Fred Rogers, interroge l'actrice : «Qu'avez-vous ressenti lorsque vous avez été choisie pour jouer la Méchante Sorcière de l'Ouest?» Réponse d'une Margaret Hamilton en robe rose bonbon, perles et cheveux gris : «Oh, j'étais ravie! Je l'avais déjà été à de nombreuses reprises; pas cette sorcière-là, mais sorcière en général, quand j'étais petite. À Halloween, je voulais toujours me déguiser de la sorte. Je préférais être une sorcière plus que n'importe quoi d'autre. On peut être des tas de choses et c'est ça que je voulais être.» Aux adultes, elle racontait les choses quelque peu différemment. Dans le documentaire *The Wonderful Wizard of Oz: 50 years of Magic* (Jack Haley Jr., 1990), une archive la montre lors d'une rencontre publique, à peu près au même âge et répondant à peu près à la même question. Face à un auditoire conquis, elle parle du jour où elle reçut un appel de son agent :

> «Maggie, commence-t-il. Tu les intéresses vraiment !
> — Mais pour jouer quoi ?
> — Pour un rôle dans *Le Magicien d'Oz*.»
> «Oh mon Dieu», songe-t-elle, suspendue au téléphone. Son livre préféré depuis l'enfance.
> «Pour quel rôle ? demande Margaret.
> — Eh bien, pour la sorcière !
> — La sorcière ?
> — Oui, quoi d'autre ?»

Quoi d'autre. Sans remettre la surprise en question, Margaret avait en réalité déjà joué la Méchante Sorcière de l'Ouest. La première fois à 21 ans, dans le cadre d'une adaptation sur scène du *Magicien d'Oz* pour la Junior League de Cleveland. Sur son site, l'organisation caritative précise que «"la Méchante Sorcière de l'Ouest" débuta sa carrière professionnelle dans le théâtre pour jeune public au sein de l'association.» À ce moment-là, note Aljean Harmetz, «elle était déjà, de manière assez évidente, une *character actress*».

Sans équivalent en français, l'expression désigne selon Wikipédia «un acteur de second rôle se distinguant par l'interprétation de personnages insolites, curieux ou excentriques». Cette dénomination, flottante par essence (plus ou moins tous les acteurs jouent des personnages, des *characters*), s'établit de façon assez arbitraire sur l'originalité d'un registre – et sa récurrence – et, plus objectivement, sur le contraste avec le *leading role* : le/la *character actor/actress*, c'est l'autre. Pour preuve, la fiche Wikipédia «*Character actor*» est, en anglais, pédagogiquement illustrée d'une photo en noir et blanc de Margaret Hamilton (Sorcière) menaçant Judy Garland (Dorothy). Garland, *leading role*; Hamilton, *supporting role*.

Montre en main, la Sorcière n'apparaît que douze minutes dans *Le Magicien d'Oz*, mais ce sont douze minutes mémorables. Comment marquer les esprits? D'une langue à l'autre, on pourrait avancer qu'il faut du *caractère* pour être une *character actress*, au sens de l'affirmation vigoureuse de sa personnalité. Avoir du caractère, en français (en anglais aussi), c'est encore être atypique : on le dit d'un appartement biscornu, on le dit d'un visage – et le *character actor* a souvent ce qu'on appelle «une gueule». Selon le même principe, il conviendrait à la *supporting actress* de savoir supporter, comme on supporte un club de football (une tête d'affiche) ou comme on le fait avec des moqueries. «Qu'est-ce qu'un *character actor*?» demandait la journaliste Sonia Rao dans *The Independent* en 2017, en s'interrogeant en particulier sur le sort réservé aux actrices. Pour la directrice de casting Sharon Bialy (les séries *The Handmaid's Tale*, *Better Call Saul*...) : historiquement, celles et ceux qui n'étaient «pas des premiers rôles en termes de beauté». «Dans la tradition hollywoodienne, cela cantonnait souvent les interprètes à un certain type de personnages.»

Imaginons un magasin de vêtements dans lequel un seul rayon vous est autorisé. À l'entrée, suivant un profil prédéterminé, on vous oriente. Toutes les clientes ne sont pas logées à la même enseigne : à Thelma Ritter (*Ève*, *Fenêtre sur cour*…), sourire de Joconde et débit mitraillette, reviennent par principe les rôles de secrétaires. À la solide Jane Darwell (*Les Raisins de la colère*…), les cuisinières ou les mères enveloppantes. Et à Margaret Hamilton, comme à quelques autres, les domestiques. «*If It's a Maid, Miss Hamilton Gets the Part*», titrait le *New York Herald Tribune* dans un portrait de 1934 : «Si c'est une bonne, c'est pour Miss Hamilton!» (Dans une acception aujourd'hui vieillie et péjorative, «*maid*» désigne également celle qui ne s'est pas mariée : «*old maid*», vieille fille. Aussi pour la profession Margaret Hamilton était-elle une «*maid*», dans tous les sens du terme.) Une traversée de sa filmographie permet du reste de constater qu'elle joua les employées de maison avant, mais aussi après *Le Magicien d'Oz*, par exemple dans le film noir *Guest in the House* de John Brahm en 1944. Dans la seconde moitié de sa carrière, sa réponse fut (c'est évoqué dans le livre d'Aljean Harmetz) d'en faire un sketch le temps d'un one-woman-show. Son titre : «*Aprons I Have Worn*», les tabliers que j'ai portés.

Quel rapport, pourrait-on se demander, entre cette ribambelle de domestiques incarnées par Margaret Hamilton et son interprétation emblématique de la Méchante Sorcière de l'Ouest? Il y en a un, et de taille : le balai. Sans trop gloser sur la puissance symbolique de l'accessoire, on pourrait à première vue l'envisager en moyen d'évasion pour celle qui l'avait régulièrement passé à l'écran et aurait encore à le faire par la suite. Car le balai ne sert pas ici au ménage, mais à l'envol : quitter le foyer et faire l'expérience, à l'instar de Dorothy, d'un ailleurs coloré où l'attend même, pour changer, une paire de souliers de rubis. Déception, néanmoins, puisque concernant la féminité scintillante des chaussures, le film prend clairement parti, provoquant chez le spectateur « le sentiment qu'elle est plus à sa place chez Dorothy que chez l'abominable Sorcière : comment un être aussi laid pourrait-il bénéficier de quelque marque de charme que ce soit ? »[2]. Pas de souliers, au final, pour Margaret, pas plus que pour les demi-sœurs de Cendrillon aux trop grands pieds. Quant au balai : dans les illustrations originales réalisées par William Wallace Denslow pour le texte de Lyman Frank Baum, la Sorcière n'en portait pas. Elle était seulement représentée avec un parapluie (clin d'œil à son aquaphobie, et c'est bien l'eau qui la tue). Conclusion : le cinéma a donc remis un balai dans les mains de l'actrice, réputée pour savoir s'en servir. Et on dira ce qu'on voudra : c'est par la paille que le feu s'est propagé.

Aucune magie, par ailleurs, chez le personnage d'Almira Gulch (en dépit d'une sacrée dégaine sur son vélo) et encore moins de surprise : autant le rôle de la Sorcière était excitant, autant celui de la voisine de Dorothy n'était rien d'autre qu'une redite pour Margaret Hamilton (de ces harpies, elle avait fait son fonds de commerce). De surcroît, grande défenseuse du bien-être animal, elle n'appréciait pas que Miss Gulch veuille confisquer son chien à la jeune Texane. Des années après, les enfants continuaient à le lui reprocher dans la rue (sans doute ignoraient-ils qu'elle était l'heureuse propriétaire d'un teckel nommé Otto, l'anagramme de Toto).

« Dans plus de soixante-dix films, elle se retrouva à jouer une succession de vieilles filles sévères, de tantes amerloques collet monté et autres femmes désagréables », écrivit le *New York Times* dans la nécrologie

---

**2** Carole Desbarats, « Promenades pédagogiques » *in Cahier de notes sur... Le Magicien d'Oz, Victor Fleming*, Les Enfants de cinéma, Yellow Now, 1997, p. 27.

de Margaret Hamilton, en 1985. Peut-être pourrait-on lire toute filmographie, et la mystérieuse litanie de films que chacune représente, comme un long portrait cubiste, chaque titre comme la pièce d'un puzzle. Celle de Margaret commença par une révolte, en 1933 : *c'est Révolte au zoo* (*Zoo in Budapest*, Rowland V. Lee), mais elle n'est pas créditée au générique. Elle avança *À travers l'orage* en 1935 (*Way Down East*, Henry King) et affirma *J'ai le droit de vivre* en 1937 (*You Only Live Once*, Fritz Lang). Après les brûlures et les bandelettes au visage, elle joua – ça ne s'invente pas – dans *La Femme invisible* en 1940 (*The Invisible Woman*, A. Edward Sutherland), puis dans *La Cité sans hommes* en 1943 (*City Without Men*, Sidney Salkow). Relevons encore un téléfilm, *Is There a Doctor in the House* en 1971 (E.W. Swackhamer) et un film d'animation l'année suivante, *Journey Back to Oz* (Hal Sutherland), suite du *Magicien d'Oz* pour laquelle Margaret prêta sa voix, non à la Sorcière, mais à la gentille Tante Em. Le tout dernier titre nous conduit en 1982 : *Pardon Me for Living* (Stephen H. Foreman), excusez-moi d'exister. Elle y tient le rôle d'une enseignante revêche.

Avant d'être actrice de profession, Margaret Hamilton fut institutrice quelques années. Lorsqu'elle partagea avec son père, l'avocat Walter Jones Hamilton, et sa mère Mary Jane, sa passion pour le théâtre, ils insistèrent pour qu'elle suive une voie qui lui permettrait de subvenir à ses besoins. Bonne fille, elle conserva dans le travail cette rigueur de fourmi, en même temps qu'une profonde affection pour les enfants. C'était de son propre aveu un pincement au cœur d'incarner leur pire cauchemar tandis que *Le Magicien d'Oz* était multi-rediffusé à chaque période de vacances et qu'elle-même était devenue grand-mère. « Elle essayait en permanence de convaincre les enfants que c'était pour de faux », confia plus tard son fils cité par le *New York Times*. C'est pour cela qu'elle se rendit, à soixante-douze ans, chez Mister Rogers, pour s'adresser à eux. Pour leur dire ceci :

> « Souvent, les enfants pensent que c'est une sorcière très méchante, et j'espère que c'est l'impression qu'elle donne. Mais j'ai toujours pensé qu'il y avait deux choses à ajouter : d'une part, elle apprécie tout ce qu'elle fait – qu'il s'agisse du bien ou du mal, elle profite de chaque instant – et il y a aussi chez elle ce qu'on appelle de la frustration. Elle est très malheureuse, Mister Rogers, parce qu'elle n'obtient jamais ce qu'elle veut. La plupart d'entre nous obtient quelque chose en chemin mais, elle, elle n'a jamais eu ce qu'elle voulait. Et ce qu'elle voulait, par-dessus tout, c'étaient les souliers de rubis. Car ils représentent beaucoup de pouvoir, et il se trouve qu'elle voulait davantage de pouvoir. Il faut aussi envisager les choses de son point de vue. »

Les mains jointes posées sur ses jambes serrées, elle lève les sourcils, plisse les yeux. Ses pommettes remontent. On reconnaît son profil et c'est un grand sourire.

# FIRE, WORK WITH ME

*«I got a call from David*
*And David said*
*"I have this role that I want you to do*
*It's sort of based on Glinda the Good Witch*
*And I want to hang you from a crane*
*By piano wire*
*About sixty feet above the ground"*
*And my heart dropped*
*And of course, I couldn't tell David no.»*[3]

Sheryl Lee,
***Love, Death, Elvis & Oz: The Making of "Wild at Heart"***

Avant le tonnerre et la fumée, avant le tourbillon et le rire, *Le Magicien d'Oz* comptait déjà une première sorcière, autoproclamée comme telle nonobstant son look de fée : Glinda. Toute pimpante, c'est la Bonne Sorcière du Nord (dans le roman de Lyman Frank Baum, elle était du Sud, mais ce point cardinal est mystérieusement gommé par le film et, en définitive, Glinda a plutôt l'air à l'ouest). Si le choix de la Méchante Sorcière fut sujet à controverse, celui de son équivalent gentil et sucré, pas du tout : Billie Burke, sous contrat avec la MGM, est choisie très vite par le studio pour, selon Aljean Harmetz, «équilibrer la menace [incarnée par Margaret Hamilton] et la transformer en une simple contrariété» – nous sommes dans un film pour enfants : la peur doit être moteur, pas frein. À cinquante-quatre ans, Mary William Ethelbert Appleton «Billie» Burke avait déjà vécu plusieurs vies

3 «David m'a appelée pour m'annoncer qu'il avait un rôle pour moi, inspiré de Glinda la Bonne Sorcière. Il comptait me suspendre à une grue, à vingt mètres du sol. Mon cœur s'est arrêté et, bien sûr, je ne pouvais pas lui dire non.»

avant Oz : fille de clown dans l'enfance sur les routes d'Europe, jeune première sur les planches à Londres, tête d'affiche à Broadway et mégastar du cinéma muet, épouse fougueuse de l'impresario-producteur Florenz Ziegfeld, «femme de» désargentée après la crise de 1929, veuve en 1932 et, à l'ère nouvelle du parlant, mondaine typecastée avec honneurs et succès. Sur le tournage, elle reste loin du feu, sa loge est un cocon rose et bleu. Son personnage tient d'elle dans sa manière de survoler les péripéties sans inquiétude. Une fois la leçon retenue par Dorothy (cultive ton jardin, tu verras pousser tes rêves), Glinda renvoie la fillette au Kansas par la magie de trois coups de talon et répète : «*There's no place like home... There's no place like home...*»[4] Égale à elle-même, celle qui était arrivée dans une bulle nous conseille *in fine* de ne jamais sortir de la nôtre.

*Le Magicien d'Oz* est un mythe américain et, à ce titre, n'en finit pas d'être réécrit, par le cinéma, la télévision, la littérature, de manière plus ou moins détournée, en épousant (c'est l'essence même du mythe, sa fonction) les goûts et les préoccupations des époques dans lesquelles s'inscrivent ses relectures. Il en va de la trame comme de protagonistes sans cesse remodelés, rhabillés, rebaptisés, qui n'en sont pas moins d'éternels revenants : la Glinda d'aujourd'hui ne serait plus la Glinda de 1939, laquelle n'était déjà plus celle du livre de Lyman Frank Baum. À l'orée des *nineties*, elle avait donc pris cinquante ans depuis l'interprétation de Billie Burke. Elle réapparaissait pourtant plus jeune, à la toute fin de *Sailor et Lula* de David Lynch (*Wild at Heart*, 1990).

4 «On est vraiment bien que chez soi...»

À Burke succède Sheryl Lee. Entretemps, la démocratisation des psychotropes a fait son œuvre et la dame du Nord a semble-t-il tapé plus dur. Elle plane, littéralement, et nous prépare par ses mots au grand avènement de l'amour : « Si tu as vraiment le cœur sauvage, tu te battras pour tes rêves. Ne te détourne pas de l'amour. » Sailor (Nicolas Cage), qui vient de se faire tabasser, s'en trouve ragaillardi. Il se lève et court retrouver Lula (Laura Dern) pour lui chanter « Love Me Tender », direction *happy end*.

Depuis les premières flammes du générique jusqu'à la combustion du portrait de la mère-sorcière Marietta (Diane Ladd), ultime œillade au *Magicien d'Oz*, le cinquième film de Lynch brûle de partout. Si les références à Fleming sont légion (les talons rouges de Lula, la route de briques jaunes dont parle Sailor, l'évocation du chien Toto...), la descente en bout de course de la Bonne Sorcière constitue une bascule dans la relation au conte matriciel : le réalisateur ne se contente plus de dialoguer, il appelle un esprit. Résultat, Glinda descend du ciel dans sa bulle de savon pour soigner l'infortuné Sailor d'un bisou magique.

« Êtes-vous une bonne ou une mauvaise sorcière ? », demandait l'ancienne Glinda à Dorothy, surprise de son irruption au pays d'Oz. « Qui, moi? » La question étonnait la Texane : pour elle, aucun doute, « les sorcières sont vieilles et laides » (elle ne peut donc pas en être une). Erreur : il existe bien « de belles sorcières », la preuve avec Glinda. Cette dernière, amusée, clarifie la situation : « Seules les méchantes sorcières sont laides. » Outre qu'elle se faisait à cet instant porte-voix d'Hollywood, Billie Burke disait deux choses : je suis belle et, donc, je suis bienveillante.

En est-il de même cinquante ans après? La Glinda de *Sailor et Lula* est-elle une bonne ou une mauvaise sorcière? Là encore, il y a flottement. Sheryl Lee est d'abord le produit d'un K.O., puisqu'elle appartient à un délire post-traumatique du personnage de Nicolas Cage – on pourrait toutefois considérer que c'est aussi le cas pour la Glinda de Dorothy. Une différence moins contestable entre les deux versions concerne le décor de l'apparition : contrairement à Billie Burke, circonscrite au pays d'Oz, Sheryl Lee fréquente le chaos du réel. Une lumière clignotante signale son arrivée sur le goudron. Son ciel est un ciel de ville, de briques et de poteaux électriques. Sa voix est une voix de synthèse, robotique, détraquée. Un grand câble barre le plan au centre duquel elle est épinglée; il semble la transpercer.

Dans sa construction, son architecture, cette manifestation surnaturelle à l'issue de *Sailor et Lula* constitue pour David Lynch et Sheryl Lee une répétition de la scène finale de *Twin Peaks: Fire Walk with Me*, sorti deux ans après, en 1992. À la différence que Sheryl Lee n'est plus alors en haut, mais en bas, à la place de Nicolas Cage : tombée et atterrie dans un fauteuil club, visiblement perdue – Laura Palmer l'est souvent. Un ange lui apparaît (à une hauteur équivalente à celle de Glinda) pour la sauver à son tour. Après tout le bruit, toute la fureur, *Twin Peaks: Fire Walk with Me* s'achève par cette consolation, du spectateur éprouvé, de l'actrice éprouvée. La main de Dale Cooper (Kyle MacLachlan) sur l'épaule de Laura Palmer est aussi celle de David Lynch sur l'épaule de Sheryl Lee. Le réalisateur, sans doute, savait qu'après un voyage pareil, elle serait grillée pour toujours. Qu'à cela ne tienne puisqu'il y avait eu ces trois minutes au cours desquelles Lynch, main consolante et main tendue, offrait tout à sa muse : absence, surprise, tristesse, rire, folie, extase. Comme un condensé de carrière pour la poupée qu'elle fut en partie pour lui, coiffée, fracassée, puis oubliée dans un coin. Ce n'était pas rien de tenir un tel rôle, de l'avoir accepté et d'en avoir porté les stigmates. Partons du principe qu'à plus de soixante-dix ans, il a souhaité retourner dans la ville imaginaire de *Twin Peaks* pour lui rendre visite. C'était en 2017.

Rembobinons. Boulder, dans le Colorado, montagnes de grès en arrière-plan. Son nom conviendrait à une mini-Miss : Sheryl Lynn Lee. C'est une enfant timide qui n'aime rien tant que la danse. Elle prend des cours, de plus en plus appliquée, et à l'adolescence le hobby pourrait même devenir un avenir. Malheureusement, un mauvais accident de luge en décide autrement et la suite se fera clopin-clopant. Elle a une quinzaine d'années, le genou esquinté et des béquilles : la danse, c'est fini pour l'année. Sa mère la regarde et tente : « Pourquoi tu n'essaies pas la pièce de l'école ? » Elle s'imagine mal monter sur scène et parler devant un public. C'est son professeur d'anglais qui dirige la pièce, lui aussi l'encourage. Alors, quand les béquilles sont rangées, elle accepte d'aller voir, commence à apprendre le texte et à répéter. Un échange se met en place, une émulation collective. Ce n'est pas si éloigné de la danse. Ce qui change, ce sont les mots, des mots nouveaux. « Ce n'était pas moi qui devais arriver avec quelque chose à dire. Ce n'était pas moi qui parlais devant ces gens. C'était le personnage. C'étaient les mots du personnage, les mots de l'auteur. »[5]

Selon un principe avec lequel il est toujours possible de s'arranger, pour une actrice, un acteur, tout est contenu dans le premier rôle. Cette pièce, la première

5 Entretien de Jill Watson avec Sheryl Lee pour 25yearslatersite.com, 13 septembre 2019.

dans laquelle elle joue, s'intitulait *La Mauvaise Graine*, de Maxwell Anderson, adaptation du roman du William March (*Graine de potence*, traduit chez Gallimard), soit l'histoire d'une femme qui prend progressivement conscience que sa progéniture de huit ans, sous ses dehors de petite fille modèle, est en fait une redoutable meurtrière. Sheryl ne tenait pas le rôle de la gamine tueuse mais celui de sa mère, Christine, hantée par des cauchemars. Filiation, apparences trompeuses, cruauté et onirisme sont donc les motifs qui accompagnent l'adolescente dans sa découverte de l'art dramatique.

Saut vers 1989. Elle a vingt-deux ans, a laissé tomber le « Lynn » et le cadre de sa jeunesse. On la retrouve à Seattle, comédienne qui veut vivre de sa passion, très tendue ce jour-là. Une équipe de Los Angeles a organisé un casting sur place, une série. Elle n'en sait pas plus. Quelqu'un de la production a vu sa photo dans le journal local (elle participe à une pièce, la photo vient de là) et on l'a fait venir. Elle entre, s'assoit. Ses mains tremblent tellement qu'elle doit les caler sous ses cuisses. Le réalisateur est présent. Il lui pose des questions, la met à l'aise. Même s'il trouve qu'elle ne ressemble pas tout à fait à la photo, il est frappé par ce qu'elle dégage, cette sorte d'aura qui l'entoure. Dix minutes après leur rencontre, il lui demande si elle verrait un inconvénient à être enduite de peinture grise, emballée dans du plastique et plongée dans de l'eau glacée. Sheryl est prise au dépourvu, ça l'amuse : « Aucun problème ! » Ça se fait comme ça, très vite : elle est engagée quatre jours pour jouer une morte, « un corps » – à peine mieux que les petits cachets qu'elle a derrière elle, mais au moins une production d'envergure et le nom d'un réalisateur connu à ajouter sur son CV.

David Lynch :

> « On savait qu'on allait tourner à Seattle et, comme cette fille n'avait pas de dialogue et jouait juste une morte, on n'allait pas engager une actrice de Los Angeles, la faire venir, prendre en charge ses frais d'hébergement etc. [...] Personne, ni Mark [Frost] ni moi, personne n'imaginait qu'elle savait jouer. Ou qu'elle allait être si puissante juste en jouant une morte. Ou à quel point cette petite décision allait être déterminante. »[6]

Au début du pilote de *Twin Peaks*, diffusé pour la première fois le 8 avril 1990 sur la chaîne américaine ABC, Pete Martell (Jack Nance) sort pêcher et découvre sur la berge un cadavre emmailloté dans du plastique. Le shérif (Michael Ontkean), son adjoint (Harry Goaz) et le médecin du cru (Warren Frost) arrivent sur les lieux, retournent le corps et découvrent le visage bleui de la reine du lycée, Laura Palmer. Sur le tournage, Sheryl Lee a vécu une « très longue journée » : « Je suis entrée dans une espèce d'état méditatif et je me souviens d'avoir pensé : c'est ma première scène et je suis là, allongée ici, très calme, et je vais me comporter comme une éponge. J'entends tout et j'apprends tout ce que font les différents postes – jouer un cadavre, c'était une formidable manière d'apprendre. »[7] Il faisait très froid, un froid polaire. Elle devait rester immobile et rentrer régulièrement dans une tente à proximité pour éviter l'hypothermie. Une fois réchauffée, elle y retournait. Le

---

6 Chris Rodley, *Lynch on Lynch*, Farrar, Straus and Giroux, 2005, p. 172.

7 David Lynch et Kristine McKenna, *L'Espace du rêve*, traduit de l'anglais (États-Unis) par Carole Delporte et Johan-Frédérik Hel Guedj, Le Livre de Poche, 2018, p. 401.

réalisateur fut impressionné mais, de son point de vue, c'est une autre scène du pilote qui changea la donne : quelques secondes d'une danse comique avec l'amie Donna Hayward (Lara Flynn Boyle), avant que l'image de caméscope se rapproche de la blonde jusqu'à l'iris pour la fixer en inépuisable objet de fascination. « J'ai lâché : "Bon sang, elle a une présence et un talent inné" », se souvient Lynch.

La question est toujours de savoir qui regarde qui, depuis quelle distance, dans quel contexte, avec quelle intention. *Twin Peaks* est le produit d'une collaboration entre David Lynch et le romancier Mark Frost. Les deux hommes se sont rencontrés autour de l'adaptation d'un livre d'Anthony Summers, *Goddess: The Secret Lives of Marilyn Monroe*, une enquête sur les derniers mois de la vie de Norma Jeane Baker. Si le projet échoua finalement dans les cartons, il n'en reste pas moins à la source d'une réflexion dont *Twin Peaks* fut, en quelque sorte, la cascade – et il existe plus d'un pont entre les « vies secrètes » de Marilyn et celles de Laura. Dans ses mémoires *L'Espace du rêve*, Lynch évoque Monroe en ces termes : « Il est difficile de dire ce qui fait le charme de Marilyn, sans doute son air de femme en détresse. Mais le plus attirant chez elle, c'est le mystère qu'elle dégage. Certaines femmes resteront toujours une énigme. » Puis, peu après : « On pourrait dire que Laura Palmer est Marilyn Monroe, et que *Mulholland Drive* est aussi son histoire. Finalement, tout se rapporte à Marilyn. »

À titre de comparaison, lorsque la romancière Joyce Carol Oates se lança dans *Blonde*, sa biographie de Marilyn Monroe (qui devint une épopée protéiforme de plus de 1000 pages), elle s'appuyait sur une forme d'identification. En 2000, au *New York Times* : « Je pouvais m'identifier à elle… Parce qu'il y avait cette fille réelle qui écrivait autrefois de la poésie et qui lisait, puis tout cela fut, d'une manière ou d'une autre, perdu dans la femme extérieure.» De son côté, le binôme Lynch-Frost s'identifiait-il à sa Marilyn (Laura)? Probablement pas, et pour la simple raison que ce n'était pas le propos. C'était même l'inverse car, pour que la série fonctionne, son noyau devait demeurer une énigme. Telle que découverte, la grande absente figurait une Ophélie plastifiée si profondément incompréhensible que son mystère confinait au sidéral. *Twin Peaks*, dont toute l'intrigue tournait autour de la question «Qui a tué Laura Palmer?», en posait en fait une autre, plus compliquée, plus vertigineuse : «Qui est Laura Palmer?»

«Que veut la femme?» s'enquérait Freud, et il fallait bien un membre du FBI pour résoudre cette colle. Charge à Dale Cooper, incarné par le flegmatique MacLachlan, d'aller explorer le «continent noir» pour résoudre la charade de l'éternel féminin. En double de Lynch (goût pour le café et les songes, pratique de la méditation...), Cooper tentait d'établir un dialogue, forcément compliqué, avec la défunte Sheryl Lee. Elle-même, après avoir gagné son ticket par le truchement d'un film dans le film (la danse du pique-nique), était un fantasme d'actrice vintage : idéalement pâle, muette et cachée derrière d'épais rideaux rouges. Pour les *showrunners* autant que pour les autres personnages, Laura Palmer faisait figure d'écran, vide et blanc, en appel à la projection – et à la fin de chaque épisode, son portrait encadré nous invitait, spectateurs, à refaire le film à notre tour.

Comment allumer un feu sur de la glace? Outre que David Lynch, répondant au talent de Sheryl Lee, lui offrit dans la série le rôle de la cousine brune de Laura, Maddie (*«It is happening again»*), il ralluma la mèche en tirant du feuilleton un long métrage au titre explicite, *Twin*

*Peaks: Fire Walk with Me*, dont l'intention – et peut-être en revient-on à *Goddess* (la déesse) – était de raconter les derniers jours de la vie de Laura Palmer. Lynch : « Je ne sais pas pourquoi je pensais autant à Laura Palmer, c'était plus fort que moi. »[8] Si la fascination restait moteur, le réalisateur était décidé, cette fois, à laisser Laura Palmer déplier son propre origami. De fait, l'alter ego Cooper apparaît peu dans le film. C'est à la fois une conséquence logique du scénario et le résultat d'une brouille : échaudé par l'évident déclin d'une deuxième saison délaissée par son créateur, MacLachlan rechignait à s'engager. Sans regret, puisque l'acteur ne goûta que très moyennement le prequel. L'expérience digérée, il en parla en ces termes dans une interview visible sur YouTube : « Ce que j'aimais particulièrement dans *Twin Peaks*, c'était son côté effrayant, bizarre, excitant, et tout cela sans violence, sans montrer la violence. Elle était là, mais suggérée. J'ai eu du mal avec la radicalité du film. Je trouve qu'il écorchait ce qui faisait pour moi le charme de *Twin Peaks*. » Les fans de la première heure reprochèrent également à *Twin Peaks: Fire Walk with Me* son manque d'humour. À cela, David Lynch opposa que, certes, c'était moins drôle mais qu'il fallait s'y faire : la vie de Laura ne l'était pas non plus des masses.

Venons-en au fait, c'était le but : *Twin Peaks* tourne autour d'un inceste. Pour Lynch, « c'est tout ce dont il était question : la solitude, la honte, la culpabilité, la confusion de la victime d'inceste, et ses ravages inhérents »[9]. Sans être dans l'identification (la distance est maintenue, comme par déférence : je ne saurai pas être toi, mais je peux essayer de te suivre), *Twin Peaks: Fire Walk with Me* semble mû par une forme de compassion,

---

8 *Ibid.*, p. 507.

9 Chris Rodley, *op. cit.*, p. 172.

accoudée à une empathie (souffrir avec) qui culmine dans la scène finale. Sheryl Lee n'est donc plus Glinda, mais Laura, plus cabossée que tous les Nicolas Cage du monde. Ce qu'elle fait à cet instant, c'est grandiose et c'est limite. Grandiose aussi parce que limite, et parce qu'il s'agissait bien de sortir de soi pour aller brûler vive. Une performance, dans tous les sens du terme, et la captation de cette performance, qui fit dire bien après à Grace Zabriskie (Sarah Palmer, sa mère dans la série et le film) : «Elle a donné tout ce qu'elle avait, elle a donné plus que ce qu'elle pouvait se permettre de donner et elle a mis des années à s'en remettre.»

Dans son livre d'entretiens, Chris Rodley insiste auprès de David Lynch sur le fait que Sheryl Lee a été marquée par le rôle de Laura Palmer comme au fer rouge. Le réalisateur, qui avait tout de même tenu un bon bout du tisonnier, est en réponse assez fataliste : «Oui, c'est à double tranchant. Mais, en soi, ça n'arrêtera jamais personne. C'est simplement une conséquence, si c'est ce qui doit advenir. Ce n'est pas une affaire de talent, c'est une affaire de destin.» Destin professionnel, en l'occurrence, objectivement funeste : Sheryl Lee resta une morte exemplaire, sacrifiée et statufiée sur l'autel lynchéen. On la revit peu au cinéma, à l'exception de *Vampires* de John Carpenter (1998) où elle jouait Katrina, une prostituée-vampire permanentée – ce qui, toute vampirisée qu'elle fut par l'ouragan *Twin Peaks*, ne manquait pas d'ironie. Elle trouva d'autres rôles sur petit écran, par exemple dans le téléfilm *Une vie pour se reconstruire* (*The Secrets of Comfort House*, Timothy Bond, 2006) où elle incarne Wendy Sinclair, responsable d'un foyer pour femmes battues soupçonnée de meurtres. Peu avant, elle était passée à un cheveu du rôle de la narratrice (suicidée) de *Desperate Housewives*, Mary Alice Young : après visionnage de l'épisode-test, la même chaîne ABC la jugea trop déprimante. On peut trouver les premières minutes de ce pilote non diffusé, et on envisage en effet assez mal Sheryl Lee, même habillée en beige, s'intéresser *post mortem* à tous les potins du quartier – ce que fit, méritante, la tonique Brenda Strong pendant huit saisons.

L'univers des séries est un village : une quinzaine d'années plus tôt, Brenda Strong interprétait le personnage oubliable de Miss Jones dans la deuxième saison de *Twin Peaks*, à un moment où Lynch et Frost avaient quitté le navire. Ils reprirent la barre pour le vingt-neuvième et dernier épisode, opérant de concert un plongeon dans la «loge noire» pour sauver la mythologie du naufrage. C'est là que le rendez-vous fut donné par Laura Palmer, en 1991 : «Nous nous reverrons dans vingt-cinq ans», promit-elle avant de se figer. À quelques mois près, le contrat fut respecté et nous voici en 2017.

Les retrouvailles furent projetées au Festival de Cannes, où les deux premiers épisodes de *Twin Peaks: The Return* eurent l'honneur d'une séance spéciale (dans la même ville où, en 1992, *Twin Peaks: Fire Walk with Me*, en compétition officielle, avait été accueilli sous les huées). Que Lynch, ce coup-ci, ait eu droit à une standing ovation ne prouve rien, mais saluons à notre niveau de lecture l'audace qu'il lui a fallu pour aller pousser les tentures et affronter l'actrice qu'il avait successivement emballée dans du plastique (*Twin Peaks*), suspendue à une corde à 20 mètres de haut (*Sailor et Lula*) et jetée dans d'insondables profondeurs (*Twin Peaks: Fire Walk with Me*) sans plus la faire tourner ensuite.

Que voit-on au début de *Twin Peaks: The Return*? D'abord, une caméra qui tourne en rond dans l'espace mental constitué par la loge noire, puis la répétition de l'engagement pris par une Sheryl Lee au visage poupon. Il faut attendre le deuxième épisode pour la voir revenir à l'âge qui est désormais le sien, une Laura Palmer cinquantenaire, carré ondulé, bouche plus foncée, robe ressemblante et pourtant différente. L'image est saisissante car, si elle montre en miroir que nos idoles vieillissent (et cela vaut pour David Lynch qui, dans le retour de la série, joue avec son propre ramollissement), elle raconte aussi qu'il y a eu une vie après *Twin Peaks*, que le temps ne s'est pas arrêté pour Sheryl Lee. Qu'après le rôle l'interprète a continué à travailler, s'est mariée, a eu un enfant, qu'elle a été chez le coiffeur et a changé de rouge à lèvres, cependant qu'elle n'en finissait pas de se voir morte sur des t-shirts, des mugs, des posters. Acteurs et actrices ne partagent pas le même traitement et, autant le vieillissement de Cooper-MacLachlan était un non-événement (le cinéma et les séries montrent ces visages d'hommes « mûrs »), autant celui de Palmer-Lee semblait plus inédit : voilà une actrice de cinquante-et-un ans, dans la force de l'âge, qui n'est plus Laura Palmer (Laura Palmer a été figée dans sa jeunesse : qui est cette dame?) et qui pourtant l'est toujours (Laura Palmer, c'est Sheryl Lee). Elle prend la parole, dans l'anglais inversé des habitants de la loge noire : « *Do you recognize me?* » Est-ce que tu me reconnais? (Souviens-toi : Seattle, j'avais vingt ans et un peu de figuration derrière moi. J'étais entrée dans la pièce. Tu m'avais proposé de m'enduire de peinture et de me plonger dans l'eau glacée. Tu ne savais même pas que je savais jouer. J'avais gardé mes mains sous mes cuisses tellement elles tremblaient. Regarde-les maintenant : elles sont posées de part et d'autre du fauteuil. Regarde-moi. Tu me reconnais?)

« Êtes-vous Laura Palmer ? demande Dale Cooper.
— J'ai l'impression que je la connais, dit Laura. Mais il arrive que mes bras se retournent… parfois.
— Qui êtes-vous ?
— Je suis Laura Palmer.
— Mais Laura Palmer est morte, répond Dale.
— Je suis morte… Et pourtant je vis. »

Sur ce, elle attrape l'ovale de son visage et l'ouvre comme un placard. Et qu'y a-t-il à l'intérieur (puisque c'était quand même tout l'enjeu de l'affaire) ? Une lumière, une lumière aveuglante qui illumine l'écran et se reflète sur Dale Cooper. Tout ce temps, on la croyait trou noir et c'était un phare.

Derrière le masque du rôle, l'étoile. Dans un entretien au *Monde* à l'occasion de la sortie de *Twin Peaks: Fire walk With Me*, David Lynch avait déclaré au sujet de Sheryl Lee : « Elle avait été engagée pour jouer une morte, et elle fut une morte épatante ! Mais il se trouve que, vivante, elle a un talent fou, entre complètement dans le personnage, le rend réel. Sheryl Lee a été Laura Palmer du début à la fin du tournage, très dur pour elle, très dérangeant. Elle en est d'ailleurs ressortie malade. » Cet article, publié en mai 1992, était titré : « Mon Dieu que la morte est jolie ».

Je suis morte il y a longtemps, et pourtant je vis. Le deuxième épisode de *Twin Peaks: The Return*, co-écrit par David Lynch et Mark Frost, se termine par le morceau « Shadows » du groupe Chromatics.

*You're in the water*
*I'm standing on the shore*
*Still thinking that I hear your voice*
*Can you hear me?*
*Can you hear me?*
*Can you hear me?*
*Can you hear me?*

Traduisons :

*Tu es sous l'eau*
*Je me tiens sur la rive*
*Je crois encore entendre ta voix*
*Est-ce que tu m'entends?*
*Est-ce que tu m'entends?*
*Est-ce que tu m'entends?*
*Est-ce que tu m'entends?*

Ce ne sont pas des excuses, ce ne sont pas des remerciements. Mais c'était sans doute pour lui une façon de traverser la rue et d'aller frapper à sa porte.

# LES FEUX DE L'AMOUR

> « Ils n'étaient pas loin d'atteindre la surface de la terre, ils touchaient au bord, lorsque, craignant qu'Eurydice ne lui échappe et impatient de la voir, son amoureux époux tourne les yeux et aussitôt elle est entraînée en arrière ; elle tend les bras, elle cherche son étreinte et veut l'étreindre elle-même ; l'infortunée ne saisit que l'air impalpable. »[10]
>
> Ovide,
> ***Les Métamorphoses***

Dans *Portrait de la jeune fille en feu* de Céline Sciamma (2019), trois femmes lisent *Les Métamorphoses* d'Ovide et discutent du sens à donner au mythe d'Orphée et d'Eurydice. C'est une histoire d'amour et de regard : Orphée, ayant perdu son épouse Eurydice, mordue par un serpent, descend aux Enfers avec l'intention de la ramener parmi les vivants. Poète de son état (et fils de la muse de l'éloquence Calliope), le héros parvient à attendrir suffisamment les instances dirigeantes pour repartir avec elle, mais une consigne lui est donnée : ne pas se retourner avant d'être sorti, sans quoi la faveur sera abrogée. Tout se passe bien, quand soudain, près du but, n'y tenant plus, il tourne la tête. Eurydice est aussitôt rappelée dans le royaume des morts. Chez Sciamma, différentes interprétations se confrontent. Pour la jeune Sophie (Luàna Bajrami), Orphée est un idiot incapable de respecter les consignes : il est coupable de la seconde mort d'Eurydice. Pour Héloïse (Adèle Haenel), en revanche, on ne peut blâmer l'amoureux de l'être : tourner les yeux, c'est justement témoigner de son amour. Troisième voix, Marianne (Noémie Merlant) rejoint plutôt le premier avis,

---

10 *X, 47-74*, traduction de Georges Lafaye. Gallimard, coll. Folio classique, 1992.

en modulant le propos : si Orphée se retourne, c'est qu'il fait un choix, celui du souvenir : « Il ne fait pas le choix de l'amoureux, il fait le choix du poète », conclut-elle. Après réflexion, Héloïse ajoute une quatrième option : « Peut-être que c'est elle qui lui a dit : "Retourne-toi" ».

Pourquoi retourner à Twin Peaks ? Il y a que la fiction, mieux que la vie, offre la possibilité de faire machine arrière pour aller sauver ceux qu'on aime, réparer nos erreurs. Et c'est ainsi qu'on assista, de façon tout à fait incroyable, au détricotage par Lynch de sa propre trame : dans l'avant-dernier épisode de *The Return,* la série ressuscitée envoie Dale Cooper en émissaire soustraire Laura Palmer à la soirée censée s'achever par son meurtre (nous en avions été témoins). Visitant les vestiges de son œuvre-musée, le réalisateur utilise les archives du film *Twin Peaks: Fire Walk with Me* (tamisées en noir et blanc) et, fort de technologies venues du futur, s'offre de remonter le temps pour réécrire la nuit à la manière de *Code Quantum.* Deux époques se toisent et finissent par se prendre la main : le Kyle MacLachlan de 2017 et la Sheryl Lee des années 1990 (qu'il s'agisse d'un procédé de rajeunissement de Sheryl Lee ou, plus vraisemblablement, d'une doublure – on sait à quel point Lynch les affectionne). Enfin réunis, Cooper et Palmer cheminent l'un derrière l'autre, tels Orphée et Eurydice. Pour vérifier si elle est toujours derrière lui, l'agent missionné se retourne, et plus d'une fois : cinq exactement. À la sixième, elle a disparu, réduite à un cri dans les arbres. D'une métamorphose à l'autre, c'est à Écho qu'on pense alors, la nymphe rejetée par Narcisse : « Depuis, cachée dans les forêts, elle ne se montre plus sur les montagnes; mais tout le monde l'entend; un son, voilà tout ce qui survit en elle.»[11]

L'écho, c'est ce phénomène qui fait que le son se répète, même partition, même manège. L'écho, ce sont aussi les propos rapportés, ceux qui nous parviennent distendus, modifiés, au risque de figer une image, voire de la flinguer. La même année que *Twin Peaks: The Return,* en 2017, une autre actrice faisait son retour, sauf qu'il lui arrivait exactement l'inverse : dans *Blade Runner 2049* de Denis Villeneuve, Sean Young, rajeunie elle aussi, revenait pour mourir. L'interprète de l'androïde Rachael n'était pas annoncée au casting, ménageant au spectateur la surprise d'une visiteuse sortie des limbes. Elle s'avançait, la vingtaine retrouvée, vers un Harrison Ford septuagénaire qui n'en croyait pas ses yeux, et commençait : «*Did you miss me?*» (Est-ce que je t'ai manqué? Est-ce que je vous ai manqué?). Ce sont des yeux que venait la déception représentée par cette «nouvelle» Rachael : «Ses yeux étaient verts», grognait Rick Deckard. On aurait juré, nous, qu'ils étaient marron. Soit la mémoire nous fait défaut, soit Rick, dans un pied de nez camarade, chargeait sciemment le souvenir d'une fiction de plus : ses yeux étaient verts, marron, bleus, gris. Et vous savez quoi? Tuez-la, vous l'avez déjà fait. Et donc, pour n'être qu'une pâle copie, la «réplicant» (être artificiel, selon le jargon de *Blade Runner*) répliquée se faisait tirer dessus à bout portant et s'effondrait après une minute de présence à l'écran. En matière de message, on pouvait considérer l'original indépassable – ou estimer qu'Hollywood répondait au come-back de l'actrice Sean Young d'une balle dans la gueule.

---

11 *Ibid.*, III, 356-382.

À la sortie du film, c'est surtout la prouesse technologique de cet « incroyable caméo » (*Première*) qui fut commentée. Dans *Entertainment Weekly*, le superviseur des effets spéciaux John Nelson en parlait comme du plus grand défi de sa carrière : *« Les humains numériques sont une sorte de Graal, c'est vraiment compliqué à réaliser. »* Pour recréer Rachael, le studio londonien MPC (Moving Picture Company) – déjà responsable du rajeunissement d'Arnold Schwarzenegger dans *Terminator Genisys* (Alan Taylor, 2015) – fut spécialement engagé pour le travail sur l'image. En plus de prototypes élaborés en fouillant le premier *Blade Runner* et de vieilles images de casting de Sean Young, la production fit appel à l'Australienne Loren Peta pour sa ressemblance avec le modèle d'origine. C'est cette dernière qui, perruquée, tourna la scène avec Harrison Ford. La doublure portait des points de repères faciaux de façon à ce que le visage de Young soit numériquement greffé sur le sien. Nelson et les équipes de MPC peaufinèrent ensuite la créature hybride en discutant du rien qui ferait la différence. À quoi tenait la réussite ? Le bon angle d'inclinaison du visage, un éclat imperceptible dans le regard et l'illusion fonctionnerait suffisamment pour créer le trouble. Sur son site, MPC se félicite d'avoir « sans doute créé l'humain numérique le plus réaliste à ce jour avec le personnage de Rachael ».

Il y avait, dans cette entreprise de recréation démiurgique, une dimension méta taillée pour le film et le personnage. *Les androïdes rêvent-ils de moutons électriques ?* demandait Philip K. Dick dans le roman de 1968 qui inspira *Blade Runner*[12] et voilà son épicentre cloné comme une brebis, le tout dans un présent coïncidant peu ou prou avec le temps de l'action du premier *Blade Runner* :

---

12 Philip K. Dick, *Blade Runner. Les androïdes rêvent-ils de moutons électriques*, traduit de l'anglais (États-Unis) par Sébastien Guillot, J'ai lu, 2012.

boucle bouclée. Mais si la science suffisait sans doute à (re)produire Rachael (après tout, un être de synthèse), impossible de refaire Sean Young sans Sean Young – question d'éthique, sinon de courtoisie. C'est ainsi que l'actrice, grillée de longue date, prit un avion dans le plus grand secret et se retrouva «conseillère» sur le plateau du blockbuster pour assister (c'était la scène) à sa mort programmée. Sur le papier, des motivations techniques furent invoquées et, sur place, des capteurs démonstrativement collés sur son visage. Dans les faits, tel que Sean Young le raconta plus tard dans l'intimité d'un podcast, sa présence n'avait pas l'air déterminante :

> «J'étais à Budapest environ trois jours, mais c'était assez étrange. À l'arrivée, je me suis sentie un peu comme un dinosaure, parce que je suis arrivée là-bas et tout ce en quoi ça consistait, c'était d'être assise à côté de Denis Villeneuve, le réalisateur, et de regarder le tournage se dérouler. Et puis j'ai travaillé à peu près une heure devant la caméra... En faisant des expressions de visage pour qu'ils puissent ajouter des images de synthèse dessus ensuite.»[13]

Il est vrai qu'il s'agissait d'une manière pour le moins tordue de faire le film avec et sans elle, mais la diplomatie a ses arcanes. En 2013, alors que le projet d'une suite à *Blade Runner* était déjà dans les tuyaux (on parlait à l'époque de Ridley Scott à la réalisation), Sean Young avait déclaré, toujours à *Entertainment Weekly* : «Ma position officielle, c'est que, s'ils ne m'incluent pas au casting, tout le monde devrait boycotter le film.» Quatre ans plus tard, pendant la promotion du sequel de Denis

---

13 Citation reprise dans un article du *Telegraph* daté du 20 octobre 2017.

Villeneuve, elle fut étonnamment discrète. Comme si, en plus d'une pantomime en Hongrie, le rôle contractualisé de «conseillère» avait, dans ses petites lignes, encouragé l'encombrante à se faire discrète.

Sans être un flop, *Blade Runner* fut une déception commerciale à sa sortie en 1982, le public américain lui préférant, le même été, le plus familial *E.T., l'extra-terrestre* de Steven Spielberg. Sombre, poisseux, le film de Ridley Scott se créa toutefois une belle base de fans et, au fur et à mesure des années, porté par le marché de la vidéo et plusieurs ressorties, une réputation de bête curieuse (on en compte sept versions, incluant le «final cut» en 2007) et un statut culte au rayon cyberpunk. À l'époque, une cinquantaine d'actrices furent auditionnées pour le rôle de Rachael et c'est une quasi-inconnue de vingt ans qui décrocha le gros lot : Mary Sean Young, dite Sean Young, née à Louisville (Kentucky) en 1959. La «fraîcheur» était précisément l'un des critères du réalisateur, sur le moment un tantinet poissonnier : «J'avais le sentiment que Rachael devait être très fraîche. C'était idéal puisqu'elle [Sean Young] venait tout juste de sortir du moule. Je n'aurais pas pu obtenir ça avec une actrice de trente-cinq ou quarante ans, peu importe son talent. Ça n'aurait juste pas marché. Le film aurait été différent.»[14] Autres critères, Rachael devait être «belle» et brasser avec elle une esthétique rétro, d'où un vestiaire fortement caractérisé : Vivien Leigh et Rita Hayworth comptaient parmi les références, à savoir un glamour mâtiné d'effronterie – et le caractère artificiel de la réplicant de s'exprimer à travers les «artifices» du maquillage et de la coiffure, associés à une forte géométrisation de la silhouette.

---

**14** Paul M. Sammon, *Future Noir Revised & Updated Edition: The Making of Blade Runner*, Dey Street Books, 2017, p. 184.

Rachael était un rôle de funambule : pour son interprète, il impliquait une certaine raideur robotique, en même temps qu'une sensibilité censée caractériser l'humanité du personnage. Cet équilibre entre chaud et froid se mesure dès son entrée dans le film quand, après qu'un hibou a frôlé Harrison Ford pour atteindre son perchoir, elle apparaît à l'écran.

« Vous aimez notre hibou ? lance-t-elle.
— Il est artificiel ?
— Bien sûr qu'il l'est.
— Ça doit être cher.
— Très. Je suis Rachael.
— Deckard. »

Rachael est-elle aussi artificielle que ce hibou ? Sa démarche est certes un brin automate, mais sa répartie tout humaine. Pour en avoir le cœur net, Rick la soumet au test « Voight-Kampff » et braque sur elle un objectif pour observer la dilatation de ses pupilles. Elle s'arme d'une cigarette et répond à plus d'une centaine de questions (en général, il en faut « 20-30, avec les recoupements ») dans le but de mesurer son degré d'humanité. Une fois le test terminé, on la congédie et Rick donne son verdict au docteur Eldon Tyrell (Joe Turkel), son créateur : Rachael est une réplicant qui s'ignore, le nec plus ultra dans sa catégorie. « *More human than human is our motto* » (« Plus humain qu'humain, c'est notre devise »), confirme Tyrell.

Humaine, trop humaine, au point d'écoper par la suite d'un sévère *reality check* de la part du héros. Les souvenirs de Rachael ne lui appartiennent pas, ce sont des implants. Dans une scène mémorable, Rick le lui prouve en lui en racontant un : quand elle était petite, tout un été, elle a observé à sa fenêtre une araignée orange et verte tisser sa toile. « Et un jour, dit Rick, il y a un gros œuf à l'intérieur. L'œuf éclot, et... » Elle poursuit, les larmes aux yeux : « L'œuf éclot... Et une centaine de bébés araignées en sortent. Et ils la mangent. » En une fraction de seconde s'enclenche la mécanique de l'émotion sonorisée par Vangelis et Rachael comprend qu'elle n'est pas humaine, tout en prouvant (funambule) son humanité : elle se sait être, ou ne pas être, et en pleure. Sans avancer qu'il y a là tout Sean Young, l'histoire dont on va essayer de recoller quelques morceaux connaît des similitudes avec cette séquence. Non pour ce que l'actrice-personnage y dévoile de sensibilité, ni davantage pour le symbolisme de l'araignée qui se fait bouffer, mais pour la désinvolture avec laquelle Rick lui pique son anecdote. Elle s'entend raconter son souvenir et c'est ce qui rend la scène si triste, si impudique. Car dépossédés de notre petite histoire d'araignée, de notre toile de fond, que nous reste-t-il? Quelle est l'histoire de Sean Young? Qui la connaît, qui la raconte?

C'était l'angle poursuivi par l'article que le *Guardian* consacra au « cas » Sean Young en 2015, à l'occasion de la sortie en salles du « final cut » de *Blade Runner*. Sans rencontre, le portrait prenait le parti de relater un échange de mails houleux entre le journaliste Danny Leigh et l'actrice. Ça commence assez simplement : il lui envoie huit questions et, vers la fin de son message, lui propose de revenir sur les « moments troubles » de sa vie. « Lesquels ? », réplique instantanément l'actrice par écrit : « Il y en a eu quelques-uns. Je serais curieuse de savoir ceux sur lesquels vous aimeriez avoir mon avis. » Fin de citation, et le journaliste d'enchaîner avec un florilège de frasques avant d'atteindre le cœur de sa problématique : « J'essaie d'être précis, sans être cruel. Mais je lui dis que je veux tout savoir, car tout, dans l'imaginaire populaire, appartient à l'histoire de Sean Young.» Lorsque Young répond, on ne sait plus trop qui, de l'actrice ou du journaliste, est l'araignée du souvenir volé : «Mon cher Danny, dire que j'ai été la cible d'attaques injustifiées est un euphémisme. La question intéressante serait plutôt : pourquoi l'ai-je été?» L'explication est formulée plus loin (c'est aussi l'exergue du portrait) : «Si j'avais été un homme, j'aurais été mieux traitée.» De cela, le journaliste ne paraît pas douter, mais tempère en terminant sa démonstration par l'argument d'une Young irrationnellement vexée (elle n'avait pas compris que c'était pour le *Guardian*, journal contre lequel elle a apparemment une dent). Chute de l'article : «*More human than human*», sur le mode compatissant du «c'est humain». Ainsi en revient-on à la case départ et à un slogan prononcé, dans le film, par un substitut paternel à un futur amant brutal pour le compte d'une absente.

L'exécution de Rachael dans *Blade Runner 2049* parachève cette circularité et pourrait être lue comme l'apothéose d'un suicide professionnel et/ou d'un assassinat commandé – les personnages de Sean Young, et avec eux l'actrice, ont en majorité été éliminés. Car après des emplois de premier plan dans *Dune* de David Lynch (film renié par le réalisateur) en 1984 ou *Sens unique* de Roger Donaldson (*No Way Out*) en 1987, les choses se gâtèrent vite. Sur le tournage de *Wall Street* (1987), elle répète à Oliver Stone qu'elle aurait dû tenir le premier rôle féminin (dévolu à Daryl Hannah) et non celui, secondaire, de la femme de Charlie Sheen. Celui-ci scotche dans son dos un papier qui dit «*I am the biggest c--- in the world*»[15] et sa participation est réduite à la portion congrue. En

15 «Je suis la plus grosse c… du monde.»

1989, rebelote : tout l'arc narratif de son personnage est supprimé de *Crimes et Délits* de Woody Allen (*Crimes and Misdemeanors*). En 1990, elle se fait virer de *Dick Tracy* par Warren Beatty, qu'elle accuse par la suite de harcèlement sexuel par voie de presse – mais, surfant sur la réputation désormais *border* de l'actrice, Beatty niera tout en bloc, prétextant des motivations artistiques.

Pas de fumée sans feu, entend-on, et deux épisodes, à la fois différents et complémentaires, suivirent Sean Young comme des boulets. Le premier remonte au film *État de choc* (*The Boost*, Harold Becker, 1988) qui eut l'effet inverse sur la carrière de l'actrice car son partenaire, James Woods, porta plainte contre elle pour harcèlement. Woods et sa fiancée de l'époque, Sarah Owen, accusèrent Young d'avoir déposé une poupée mutilée en guise de menace sur le pas de leur porte – ce que l'accusée a toujours nié, soutenant en riposte qu'il lui faisait payer de l'avoir éconduit. Si l'affaire fut réglée à l'amiable, la presse à scandale en fit ses choux gras, palpitante *story* dans laquelle Sean Young tenait le rôle de la maîtresse fêlée et James Woods celui de l'époux victime. Une couverture de 1989 du magazine *People* est, à ce titre, particulièrement édifiante : dans un montage photo digne d'un polar domestique, Young apparaît en nuisette, seule, le regard triste, tandis que Woods et sa compagne, en encadré, sont souriants. Titre : *Fatal Attraction*, en référence à *Liaison fatale* d'Adrian Lyne (1987). (Selon une rumeur tenace, Sean Young fut l'une des inspirations du scénariste James Dearden pour le personnage d'Alex Forrest, incarné par Glenn Close. Dans les premières versions du scénario, Alex Forrest s'appelait en effet – le hasard paraît un peu gros – Sean Forrest[16].)

La seconde séquence, c'est celle de Catwoman. Il faut cette fois se référer au premier *Batman* (Tim Burton, 1989) dans lequel Sean Young était censée incarner la journaliste Vicki Vale, le béguin de l'homme chauve-souris. Malheureusement, elle tomba de cheval pendant les répétitions et se fractura l'épaule à une semaine du tournage (la séquence initialement prévue fut, du reste, retirée). La blonde Kim Basinger la remplaça au pied levé et Young vit filer d'un coup sa chance d'asseoir son statut d'actrice bankable. N'importe qui se serait fait une raison. Pas elle. Au début des années 1990, quand elle entend parler du rôle de Catwoman dans le nouveau volet de la franchise (*Batman : Le Défi/Batman Returns*, Tim Burton, 1992), elle décide de se remettre en selle en débarquant à la Warner sans y avoir été conviée – jusque-là, rien d'autre qu'une attitude un brin cavalière. Mais ce qu'il faut ajouter, et ce que le monde entier a retenu, c'est qu'elle arriva en costume de Catwoman et insista, masquée, pour rencontrer Tim Burton talkie-walkie au poing. (À la question « Pourquoi aviez-vous un talkie-walkie ? », elle répondit : « J'ai toujours un talkie-walkie. ») Burton n'était pas là, ou fit semblant de ne pas l'être. Sean Young ne fut pas auditionnée. Très contrariée par le camouflet, elle se rendit peu après au *Joan Rivers Show* afin d'offrir à l'audience, toujours en tenue de Catwoman, un monologue aigre-doux tiré de sa

16 Cette rumeur est notamment évoquée dans un entretien accordé par Sean Young au *Hollywood Reporter* en 2016 (consultable en ligne). Pour une analyse de *Liaison fatale* et de la figure d'Alex Forrest, « personnage de célibataire démoniaque le plus emblématique des années 1980 », voir Mona Chollet, *Sorcières. La puissance invaincue des femmes*, Zones - La Découverte, 2018, p. 62-63.

mésaventure, façon pied de nez. L'opération générale se voulait audacieuse, sinon narquoise; le résultat cristallisa la réputation d'une fille au mieux gênante, au pire effrayante. Sean Young, en 2007 : « Le fait d'avoir forcé ma chance, cette agressivité dont j'ai fait preuve, ça n'était tout simplement pas autorisé aux femmes. Si un mec avait fait ça – si Jim Carrey ou Sean Penn avait fait ça – ça aurait été : "Haha! Il a des couilles!" Mais dans mon cas, ça s'est retourné contre moi. »[17]

Sur les plateaux télé, Sean Young déroutait depuis longtemps. Animateurs et public l'observaient à distance, séduits et circonspects, ce drôle d'animal, longs bras, longues jambes, la dégaine de mannequin, l'exubérance gauche. Ses anecdotes confuses, son rire en geyser – est-elle ivre? Mal grandie? Face au malaise général, on lui laissa l'option clown : contre les yeux mouillés s'échange, bon gré mal gré, un rebond burlesque méchamment parodique. Volte-face, la Sean Young de trente ans et quelques, à des années-lumière de la prétendue fragilité des débuts, jongle désormais avec ses casseroles. Après un crochet éclair chez Gus Van Sant (*Even Cowgirls Get the Blues,* 1993), on la retrouve aux côtés de Jim Carrey dans *Ace Ventura, détective chiens et chats* (*Ace Ventura: Pet Detective*, Tom Shadyac, 1994) où elle est la lieutenante Loïs Einhorn dont la transidentité est révélée en cours de route – avec pour conséquence de faire vomir l'enquêteur qui l'avait embrassée (au moment de sa diffusion sur Netflix en France, en 2019, le hashtag #SupprimezAceVentura circula sur Twitter afin d'attirer l'attention de la plateforme et du public sur le caractère transphobe de cette comédie). Pour l'actrice, il s'agissait

17 Extrait d'un article du *International Business Times* : « Sean Young : Still Crazy After All These Years? », 29 février 2012.

d'un rôle à slash, double, puisqu'elle incarnait également (c'est le twist) Ray Finkle, le méchant du film. Sur cette lancée, elle poursuit avec *Dr Jekyll et Ms Hyde* (David Price, 1995) où, après une expérience scientifique ratée, un employé de bureau se transforme en «une impitoyable nymphomane déterminée à gravir tous les échelons de l'échelle sociale» selon Wikipédia. Helen Hyde, c'est bien sûr Sean Young, dont l'image de folle furieuse est devenue un argument marketing (le film récolta surtout trois nominations pour les Razzie Awards en 1996, incluant Young dans la catégorie «Pire actrice»). Sur la jaquette française du DVD, la phrase d'accroche suivante : «Le démon qui sommeille en vous serait-il une femme?»

Le monde du cinéma étant un nid de vipères, l'itinéraire se prolonge à la télévision où Sean Young tourne dans d'obscurs téléfilms (*Le Visage du diable/Evil Has a Face, Le Tueur des nuits de noces/First to Die...*) et s'invite dans des séries populaires (*Urgences/ER, Les Frères Scott/One Tree Hill*), avant d'obtenir le rôle récurrent de Meggie McClaine dans le soap opera *Les Feux de l'amour* (*The Young and the Restless*) en 2010 et 2011. Au *Late Show* de David Letterman, elle commentait sa participation en bonne cliente : «Je jouais une sorte de veuve noire... J'épousais les hommes et les tuais pour hériter de leur argent. [...] J'en suis arrivée à un point où j'allais presque tuer Victor Newman, le premier rôle, mais d'un coup il se réveille, m'attrape, tout le monde déboule et je me retrouve en prison. Mon personnage finit comme ça, mais c'était drôle, et puis c'était du boulot aussi!» Son passage dans l'émission s'achève, lui, par un petit sketch : étant entendu que son téléphone ne sonne plus depuis longtemps, elle prétend avoir «un deuxième job, qui [lui] permet d'utiliser ses compétences en matière d'*acting*». À la seconde suivante, un magnéto la montre en déguisement de Catwoman, femme-sandwich hurlant dans la rue : «*I'm not crazy ! I'm not crazy ! I'm not crazy !*» Conclusion de la farce en toutes lettres à l'écran : «*Sean Young, working actress (she's not crazy)*»[18].

Pendant ces mêmes années, elle patine dans un dérivé de *Danse avec les stars* (*Skating with the stars*), gère son alcoolisme dans *Celebrity Rehab* et lance sa propre chaîne YouTube : «msyPARIAH». Ladite chaîne abrite films d'enfance, images tournées avec sa caméra Super 8 sur les tournages (*Dune* par exemple) et montages d'archives. Parmi les favoris de Mary Sean Young, plusieurs pages complotistes et «patriotes» (elle est un soutien de Donald Trump et se déclare farouchement anti-vaccins). Dans l'une de ses dernières vidéos, postée pour son soixantième anniversaire, elle annonce face caméra avoir «atteint le nirvana». La suite en est l'illustration : des nuages filmés depuis le hublot d'un avion, ses enfants à la plage, une longueur dans une piscine et un long numéro de claquettes exécuté par ses soins, en smoking rouge, quelques années plus tôt.

Plus on fouille, plus on s'enfonce. Quelle est l'histoire? Quel sens lui donner? En 2017, dans *The Telegraph,* cette citation évoquant sa chute pendant les répétitions de *Batman* : «Il y a une sorte de symbolique poétique derrière tout ça. D'une certaine façon, quand je regarde en arrière, ce moment particulier de ma vie, je me dis : "Wow, j'aurais aimé réussir à tenir sur ce cheval."» Peut-être que c'est une histoire de regard sur soi, une histoire d'amour propre. Peut-être qu'Orphée se sabote lui-même, peut-être agit-il par défi. Peut-être que dans

---

**18** «Sean Young, actrice en activité (elle n'est pas folle).»

son mouvement, mains bientôt refermées sur ses propres épaules, Eurydice voulait s'étreindre elle-même. Il y a des tas de lectures possibles, autant qu'on le souhaite. Elles en disent souvent plus long sur le commentateur ou la commentatrice que sur le mythe lui-même. Isabella Rossellini et Sean Young partagèrent l'affiche de *Cousins* de Joel Schumacher en 1989. Sollicitée par *People Magazine* pour réagir aux accusations de harcèlement dont sa collègue faisait l'objet, Rossellini prit sa défense : « Je suis au courant qu'elle est la cible de beaucoup de rumeurs négatives, de mon point de vue injustifiées et absurdes. » Pour preuve, ajoutait-elle : « Quand ma fille [de cinq ans] a vu Sean pour la première fois, elle a cru qu'elle avait rencontré une princesse. »

# JOUER AVEC LE FEU

« La plus belle des fleurs c'est le feu. »

Nan Shepherd,
***La Montagne vivante***

En 2016, dans un entretien au *Hollywood Reporter*, Sean Young se déclara encore prête à jouer Catwoman, « mais ils [les dirigeants de Warner Bros] sont trop stupides pour me le proposer ». La sortie connut quelques reprises dans la presse people, parfaite occasion d'enfoncer le clou sur le refrain de la *has been* obstinée et de s'en payer une bonne tranche. Suivant le conseil de la principale intéressée au *Guardian*, demandons-nous plutôt pourquoi : pourquoi Sean Young tenait-elle (tient-elle) tellement au rôle de Catwoman ? S'il serait possible de s'appuyer sur une approche féministe du personnage créé en 1940 par Bill Finger et Bob Crane (il en existe plus d'une) ou sur l'amusante revanche que l'incarnation aurait représentée (après tout, Selina Kyle revient d'entre les morts pour fouetter son patron), lorsque Joan Rivers lui posa la question en 1991, Young eut une réponse plus carriériste : ce n'est pas tant pour Catwoman en soi qu'elle s'était démenée, mais pour le marchepied qu'une telle exposition aurait représenté. Après le succès du premier *Batman*, être propulsée tête d'affiche de la suite, c'était s'assurer davantage de choix et des rôles « plus intéressants », d'où l'intérêt d'en passer par ce qu'elle considérait comme une simple machine à sous. Dans ce cas précis (quand elle fit le show chez Rivers, *Batman : Le Défi* n'était pas encore tourné et le casting à peine annoncé), opposer de la sorte blockbuster et ambition artistique n'était toutefois pas des plus pertinents : qu'on aime ou non le film de Tim Burton, difficile de nier le terrain de jeu dont disposa une Michelle Pfeiffer par ailleurs fort habitée. Elle-même rafla la mise après le retrait d'Annette Bening, enceinte. À l'époque, *Entertainment Weekly* y voyait «le rôle le plus convoité depuis celui de Scarlett O'Hara» et tous ces noms circulèrent dans les couloirs de la Warner : Demi Moore, Bridget Fonda, Madonna, Brooke Shields, Susan Sarandon, Raquel Welch, Sigourney Weaver, Lena Olin, Jennifer Beals, Cher, Geena Davis, Jodie Foster et Jennifer Jason Leigh.

C'est qui déjà, Jennifer Jason Leigh? Pas la plus célèbre des actrices américaines, ni sans doute la plus grande. Ce n'est pas Nicole Kidman, encore moins Meryl Streep. Pas la première de la classe, plutôt la *weirdo* du fond. Rien d'étonnant, de fait, à son intermittence buissonnière car, tout en s'impliquant exceptionnellement dans ses compositions («interprète la plus risque-tout de sa génération» pour Robert Altman), Leigh est restée un peu touriste dans le paysage. C'est toujours marrant de la retrouver, format souris, entrer dans une pièce ou sortir d'une voiture, son timbre nasillard et traînant, son air renfrogné. Squatteuse de films, chez elle dans les lisières et abonnée, dit-on, aux rôles de putes, de cinglées, de camées (une galerie de «*sluts and nuts*» selon l'expression qu'un critique lui tailla sur mesure au début de sa carrière). Populaire dans les années 1980 et 1990, elle passa second couteau dans les années 2000 et suivantes, avant d'être quasi oubliée puis rappelée par Quentin Tarantino pour l'un des sommets de sa carrière (*Les Huit Salopards/ The Hateful Eight*, en 2015) à cinquante-trois ans. On l'a depuis vue dans diverses curiosités, parmi les plus intéressantes du cinéma états-unien (*Anomalisa* de Charlie Kaufman en 2015, *Twin Peaks: The Return* de David Lynch et *Good Time* des frères Safdie en 2017, *Annihilation* d'Alex Garland en 2018, *Possessor* de Brandon Cronenberg en 2020), dans une adaptation de Stephen King réalisée par Pablo Larrain pour Apple TV+ (*Histoire de Lisey/ Lisey's Story,* 2021) et dans une sucrerie pour Netflix, dispensable quoique bien nommée (*Atypical* de Robia Rashid, 2017-2021).

Prononcer son nom laisse généralement perplexe. Ça dit quelque chose, on recherche le visage. On la confond parfois avec Holly Hunter. Or, Jennifer Jason Leigh n'était pas dans *La Leçon de piano* (*The Piano*, 1993) : Jane Campion avait pensé à elle mais, prise sur le tournage de *Rush* (Lili Fini Zanuck, 1991), l'audition lui passa sous le nez. Elle joua pour Campion plus tard, dans *In the Cut* (2003), le rôle secondaire de la demi-sœur de Meg Ryan. L'antinomie du casting ne doit alors rien au hasard : la fracture du titre renvoie les deux actrices à leurs pôles respectifs tout en jouant avec leur ressemblance. Face à la timorée Ryan, Leigh y est bien demi-sœur, au sens d'ébréchée et d'habitante du « demi-monde » (obsédée par un homme invisible, elle loge au-dessus d'un club de strip-tease, à l'adresse de sa *persona*). En 2005, le quotidien britannique *The Times* écrivait à son propos : « Elle ne fait pas dans le mainstream. Elle incarne au contraire le reflet déviant du miroir aux alouettes d'Hollywood, cette "autre" ombrageuse qui tourmente la tradition centenaire de la poupée préfabriquée. Bref, c'est l'anti-Meg Ryan. »

Comme on se construit par opposition, Jennifer Jason Leigh souvent s'oppose. On la comprend d'abord par contraste : elle est ce qu'elle n'est pas. À commencer par sa partition culte de colocataire toxique dans *JF partagerait appartement* (*Single White Female,* Barbet Schroeder, 1992) où elle n'est pas Bridget Fonda et brûle de ne pas l'être. Elle n'est pas non plus Julianne Moore (dans

*La Femme à la fenêtre/The Woman in the Window,* Joe Wright, 2021), mais son homonyme corrompu, sa version cauchemardée. Une large part de sa filmographie est marquée par le double, la répétition désaxée. Elle se tient loin du centre, se méfie des médias et, de ses circonvolutions, a fait une carrière au spirographe, de bords et de retours. Elle aurait pu être dans *Eyes Wide Shut* (1999), mais son planning l'empêcha officiellement de retourner ses scènes suivant le souhait de Stanley Kubrick (Marie Richardson la remplaça). Il y eut des ratés, et il y eut des refus. *Pretty Woman* (Garry Marshall, 1990), parmi d'autres : au casting, on lui demanda si elle pouvait mettre plus de « peps » à une scène de fellation dans une voiture – et le rendez-vous s'arrêta là. « J'avais l'impression que le film était une campagne de recrutement, une sorte de *Top Gun* pour prostituées », confia-t-elle en 2016 au *Telegraph.* Ce n'est pas Julia Roberts. Ses prostituées à elle se croisent dans *Last Exit to Brooklyn* (Uli Edel, 1989), *Le Flic de Miami* (*Miami Blues*, George Armitage, 1990) ou *The Machinist* (Brad Anderson, 2004). Un morceau punk rock porte son nom, « Jennifer Jason Leigh » (J Church, 1995), dont les paroles sont composées d'extraits de ses interviews : « *The interviewer asked/ Why I play so many victims/ Meaning prostitutes/ But I never thought of them as victims.* »[19] Et ça se répète : je ne les ai jamais envisagées comme des victimes, je ne les ai jamais envisagées comme des victimes.

Être à côté, mais pas n'importe comment. Jennifer Jason Leigh n'a jamais voulu jouer les faire-valoir, pas le genre. Ses choix en témoignent dans une filmographie entre pépites et breloques où figurent un nombre

---

19 « L'intervieweur m'a demandé/ Pourquoi je joue autant de victimes/ En faisant allusion aux prostituées/ Mais je ne les ai jamais envisagées comme des victimes. »

important de réalisatrices (outre Jane Campion et Lili Fini Zanuck : Amy Heckerling, Agnieszka Holland, Jocelyn Moorhouse, Jane Weinstock, Liza Johnson, Shira Piven, Angelica Huston, Mary McGukian, Tamra Davis et Lena Dunham) – elle a par ailleurs elle-même co-réalisé un long métrage avec son ami Alan Cumming en 2001, *The Anniversary Party*. Dans cet ensemble, qui s'étend aujourd'hui sur une bonne quarantaine d'années, la grosse machine que constitue *Backdraft* (Ron Howard) dénote : que venait-elle faire là ? Nous sommes en 1991, à l'orée de la vague des films catastrophe, et surgit une épopée produite par Universal dans laquelle de vaillants pompiers (Robert De Niro, Kurt Russell…) éteignent des incendies avec leurs grandes lances sur une musique non moins pompière de Hans Zimmer. Leigh, particulièrement lookée, incarne la petite copine de la nouvelle recrue (William Baldwin). Elle travaille à la mairie – ce qui permet à l'intrigue d'avancer –, fait sauter son soutien-gorge sur le toit d'un camion et se volatilise vite fait mal fait. Ron Howard voulait cette actrice décalée, il insista. Elle n'était pas convaincue mais répondit aux sirènes en conscience : après lecture du scénario, la légende (relayée par IMDb) veut qu'elle ait lancé au réalisateur qu'elle aurait « préféré jouer le feu » parce qu'il avait « le meilleur rôle ».

D'où revient-on ? Lorsque Jennifer Jason Leigh a reparu, en 2015, c'était après un passage à vide professionnel d'une dizaine d'années ponctué d'apparitions dans de mauvaises comédies et de rôles mineurs à la télévision. Elle sortait d'un divorce et du désert, littéralement, dans une diligence qui filait à travers les plaines enneigées du Wyoming pour la ramener tout droit sur le devant de la scène. La gueule déjà bien abîmée et escortée par le chasseur de primes John Ruth (Kurt Russell, à nouveau), la prisonnière des *Huit Salopards* était en chemin pour la pendaison. Cette prise de choix était aussi celle de Quentin Tarantino : pour incarner Daisy Domergue («le centre du film» selon *Mediapart*), criminelle enragée et figure christique, il lui fallait quelqu'un de grand et de petit, qu'on ne remarque pas ou plus, quelqu'un qui sache donner des coups et en recevoir, une ancienne combattante prête à renfiler les gants et à se castagner dans la même catégorie que les salopards alentour. Unique femme dans ce huis clos masculin, et notablement jamais objet du désir, l'actrice nous démontrait au passage comment survivre dans les collines d'Hollywood. Mieux, comment gagner la partie (le rôle fut disputé par des stars alors au zénith, dont Jennifer Lawrence) quand on n'est plus une jeune première mais qu'on a plus d'un tour sous sa toque – Leigh l'a souvent dit : c'était un rôle de renarde, fourrure à l'appui.

Ce n'était pas la première fois que Quentin Tarantino convoquait ses idoles de vidéo-club : Pam Grier dans *Jackie Brown* (1997), David Carradine dans *Kill Bill* (2003), le même Kurt Russell dans *Boulevard de la mort* (*Death Proof*, 2007)... Dans le cas de Jennifer Jason Leigh, deux choses semblèrent décider le cinéaste : d'une part, il trouva du Daisy Domergue dans sa filmographie (intégrale ou non, il y eut bien «marathon» de la part de Tarantino) et, d'autre part, il fut saisi par le cri que celle-ci poussa pendant la lecture du scénario organisée à son domicile à lui. Alors qu'elle avait préparé les trois quarts du texte (tout ce dont elle disposait), le réalisateur lui tendit le «dernier chapitre» et vint s'asseoir à ses côtés. Dans cette ultime partie, Daisy a une tripotée de lignes et, entre autres douceurs, se prend une balle dans le pied. Réagissant à la didascalie, l'actrice hurla, très fort et très longtemps, plus fort et plus longtemps que toutes les autres, comme une bête blessée. C'est ce qui fit pencher la balance en sa faveur.

Jennifer Jason Leigh, au *Guardian* en 2016 : « La plupart du temps, dans cette ville, cette industrie, on ne prête vraiment attention qu'à vos trois derniers projets. Quentin fait figure d'exception. Il prend en compte l'ensemble de votre travail. Il me parlait de scènes de *La Chair et le Sang* comme si elles remontaient à hier. [...] Lorsqu'il vous regarde, il ne voit pas seulement ce que vous avez fait ces deux dernières années et n'imagine pas que vous n'êtes plus la personne que vous étiez, mettons, en 1985. » En 1985, Jennifer avait vingt-trois ans et c'était en effet l'année de *La Chair et le Sang* de Paul Verhoeven (*Flesh and Blood*), œuvre charnière pour la presque débutante. Face à l'antihéros Rutger Hauer, elle jouait une princesse capturée par un groupe de mercenaires qui, sous ses allures botticelliennes, dissimulait des trésors d'ingéniosité. À l'aube de la Renaissance, on assistait à l'ascension d'une actrice ambiguë, au sourire vent mauvais, à son aise dans la fange et capable de retourner le film en un regard, un geste – il faut la revoir, victime d'un viol collectif, serrer soudain son agresseur entre ses cuisses, le dévisager et lui balancer : « C'est moi qui te viole. » Avec le thriller *Hitcher* (Robert Harmon, 1986), elle retrouvait l'année suivante Hauer sur la route et gagnait la première de toutes ses morts, et non des moindres : un écartèlement. Dans un article sur la genèse du projet, le *Los Angeles Times* remarqua qu'« étonnamment » la jeune Jennifer Jason Leigh fut « la moins perturbée de tous » par la scène. Interrogée sur le supplice de son personnage, elle répondit placidement que c'était « nécessaire au film ».

Il y avait eu du sang avant. Par ordre chronologique, le premier titre sur grand écran, *Appels au meurtre* (*Eyes of a Stranger*, Ken Wiederhorn, 1981), est un *slasher* pour lequel elle sécha le lycée moyennant la promesse à sa mère de passer l'équivalence de son diplôme (elle ne le fit jamais) : elle est aveugle et se barbouille d'hémoglobine devant un miroir. Si *Ça chauffe au lycée Ridgemont* (*Fast Times at Ridgemont High*, Amy Heckerling) la ramena en 1982 à des préoccupations plus conventionnelles pour son âge, elle y demeure combattive : dans un cabanon en bord de piscine, elle perd sa virginité et, livrée à elle-même, organise seule son avortement. À l'époque, dans une comédie aussi grand public (vouée à devenir un classique du genre), ce n'était pas rien. Au sein d'une distribution perspicace (Sean Penn, Forest Whitaker, Nicolas Cage...), elle fut choisie pour représenter le type de la sympathique *girl next door*, ni canon ni cruche, et apporta au personnage de Stacy Hamilton une singularité qui rayonnait d'entrée par-delà la pizzeria du centre commercial.

« *She's a pepper, ain't she ?* »[20], plaisante John Ruth à propos de sa captive dans la scène d'ouverture des *Huit Salopards*. Sans compter l'association entre l'actrice et le condiment (poivre, piment, poivron...) au rayon du goût, il faut se souvenir que Jennifer Jason Leigh s'était déjà fait appeler Pepper dans *Le Flic de Miami* : il s'agissait du pseudonyme emprunté par le personnage de Susie Waggoner pour ses à-côtés de prostituée (étudiante dans un *community college* le reste du temps). En un clin d'œil, c'était un peu du curriculum vitæ de l'actrice évoqué via l'un des rôles préférés de Leigh (et Daisy, du reste, semble apprécier). Bien plus que Stacy dans *Fast Times*,

20 « Elle a du piquant, hein? »

Susie personnifiait d'après son interprète la *girl next door* américaine, naïve et sincèrement animée par sa dévotion au rêve pavillonnaire. Elle tombait amoureuse de Junior (Alec Baldwin), mais ce n'était pas Richard Gere. La première fois qu'elle couche avec lui, Susie a cette très belle ligne : «*Nobody kisses us*», personne ne nous embrasse. Pour qui sont les baisers? En 1993, l'actrice expliqua au célèbre critique Roger Ebert que «la plupart des femmes qu'on voit au cinéma sont des épouses dont la fonction principale est de prouver l'hétérosexualité du mari. Les prostituées sont davantage connectées à la vie, elles vont plus vite à l'essentiel, elles ont besoin de courage et de force». Elle les embrassa, comme on embrasse une carrière.

Quelles autres professions occupe Jennifer Jason Leigh dans les films? Plume régulière (journaliste dans *Le Grand Saut/The Hudsucker Proxy* de Joel et Ethan Coen, en 1994, ou poétesse-scénariste dans *Mrs Parker et le cercle vicieux/Mrs. Parker and the Vicious Circle* d'Alan Rudolph la même année), psychiatre (*The Jacket,* John Maybury, 2005), policière (*Undercover : Une histoire vraie/White Boy Rick*, Yann Demange, 2018) ou avocate (*Secrets/A Thousand Acres,* Jocelyn Moorhouse, 1997), elle est aussi – moins courant – conceptrice de jeux vidéo dans *eXistenZ* (David Cronenberg, 1999), employée du téléphone rose dans *Short Cuts* (Robert Altman, 1993), tueuse à gages dans *Twin Peaks* et exterminatrice de cafards dans *The Quickie* (Sergueï Bodrov, 2001). Dans *Au cœur de minuit* (*Heart of Midnight*, Matthew Chapman, 1988), elle hérite d'un club libertin SM et s'avance jusqu'à sa porte avec une jambe dans le plâtre. Le plâtre, en l'occurrence, n'est pas justifié par le scénario (et pour cause : Leigh s'était cassé le pied juste avant le tournage et, plutôt que de la remplacer, décision fut prise d'en faire une singularité de plus). On la voit ainsi claudiquer dans les couloirs, démarche au demeurant bien adaptée à un personnage d'évidence désaxé. Notons que le désaxement doit ici s'entendre jusqu'au queer, du nom de la théorie philosophique et sociologique qui, à partir des années 1990, œuvra aux États-Unis à l'ouverture du champ des possibles en matière de représentations des genres, des sexes et des sexualités. Et l'image à retenir n'est pas un baiser, mais une accolade : à la fin, poussée par le vent d'un gros ventilateur, des clichés pornographiques dansant autour d'elle, la boiteuse marche et enlace quelqu'un qui en a besoin. Au cœur de la nuit, les marginaux se reconnaissent; ils se serrent les coudes.

Affective ou physique, la dépendance s'impose en motif récurrent : infiltrée parmi les trafiquants et bientôt toxico elle-même dans *Rush*, gobeuse de cachetons dans *Dolores Claiborne* (Taylor Hackford, 1995), grelotteuse en manque dans *Georgia* (Ulu Grosbard, 1995). Elle impressionne dans les trois, mais le point d'orgue se trouve dans le dernier : devant 3000 personnes, elle brailla «Take Me Back» du chanteur nord-irlandais Van Morrison huit minutes durant (à voir sur YouTube) et n'eut que deux prises pour plier le tout. Dans ce film écrit par sa mère, Barbara Turner, elle était Sadie, chanteuse de rade éclipsée par le succès de sa grande sœur Georgia (Mare Winningham) qui, de son côté, remplit les salles et s'impose jusqu'au titre de l'ensemble. Mais c'est alors à Sadie de briller et, si ce n'est pas exactement mélodieux à l'oreille, l'énergie coule à flots. À quelques pas, Georgia (plus Joan Baez que Courtney Love) l'observe, inquiète que son public ne suive pas. L'aînée s'approche avec sa guitare et sa mansuétude pour sauver les meubles – et libre à chacun de choisir son camp. «*The toughest act to follow is an older sister*», lisait-on sur l'affiche américaine («Le numéro le plus difficile : passer après une grande sœur»). En 1995, un article du *New York Times* consacré à *Georgia* faisait de Leigh le bref portrait suivant : «Buveuse de Pepsi et fumeuse compulsive, elle se consume avec une intensité solennelle.»

La relation au feu illumine un chemin dans la filmographie. Car non seulement celle-ci compte nombre d'incendies et autres foyers ostensibles (*La Chair et le Sang*, *Backdraft*, *JF partagerait appartement* ou le téléfilm *Enterré vivant/Buried Alive* de Frank Darabont en 1990), mais Leigh fume comme un pompier (*The Men's Club* de Peter Medak en 1986, *Dolores Claiborne*, *Georgia*...), signe de sa nature incandescente. Creusons : d'où proviennent les flammes? Les soupçons pèsent sur l'actrice («démone» dans *eXistenZ*, «salope diabolique» dans *Les Huit Salopards*), jusqu'à ce que, l'air de rien, *Amityville: The Awakening* (Franck Khalfoun) nous offre en 2017 une piste satisfaisante. Dans cette énième variation autour du motif de la maison hantée, elle emmène ses enfants au vert pour le bien d'un fils dans le coma (le père est mort). Sa gothique de fille (Bella Thorne) constate par la suite, en bonne logique, que des forces obscures squattent le logis, notamment à la cave. La fille en informe la mère. Et cette dernière de la calmer sur un couvre-lit, rideaux tirés : elle est au courant, bien sûr, puisqu'elle a volontairement choisi la maison du diable! L'explication de Jennifer Jason Leigh est simple, la scène fortuitement abyssale : «*God gave up on us sweetheart, so I gave up on God.*»[21] *Annihilation* était le film suivant et c'était à la même actrice, meneuse de l'expédition suicide, que revenait la prononciation gourmande et performative du

21 «Dieu nous a laissé tomber ma chérie, alors j'ai laissé tomber Dieu.»

titre («an-ni-hi-la-tion»), avant de se transformer en feu d'artifice devant la sérieuse Natalie Portman, médusée.

«Si nous ne brûlons pas, comment éclairer la nuit?» songeait l'une des prostituées de *L'Apollonide : Souvenirs de la maison close* de Bertrand Bonello (2011) en attribuant le vers à Henri Michaux. La question était forte parce que rhétorique : personne n'attendait d'autre réponse que le brasier constaté. On pourrait à notre tour avancer l'aphorisme à propos de l'actrice, mais il se trouve qu'au fil des interviews des pistes plus intimes furent dévoilées. Pour justifier son goût de la brûlure, Jennifer Jason Leigh s'est laissée aller à la confession : quand elle était petite, sa grande sœur Carrie, de trois ans son aînée, était «folle». «Elle était droguée très jeune et piquait des crises de colère épouvantables [...]. J'ai grandi en référence à ça, sans m'autoriser à agir comme une enfant. Je voulais être une gentille fille. Et puis, j'ai trouvé une manière de m'exprimer dans les films, ce qui a été très libérateur pour moi.»[22] Cette sœur au prénom de bal du diable, héroïnomane pendant treize ans, fumait enfant et se coupait les cheveux toute seule. Carrie Ann Morrow, dont on sait peu de choses, est morte en décembre 2016, à cinquante-huit ans. C'est à peu près l'âge qu'a aujourd'hui Leigh.

Jennifer est née Jennifer Lee Morrow en 1962, mais elle changea son nom en hommage à un ami de la famille, Jason Robards (*character actor* oscarisé en 1976 pour *Les Hommes du président/All the President's Men* d'Alan J. Pakula, connu pour avoir incarné les figures d'autorité, souvent menaçantes). C'était d'abord pour elle un moyen d'éviter d'être associée à un père lui aussi acteur,

---

**22** *The Times*, 28 avril 2005.

Vic Morrow (Victor Morozoff de son vrai nom, d'ascendance russe). Elle fut élevée par sa mère, Barbara. Vic, réputé orageux et vite loin du foyer, ne savait pas trop quoi faire avec sa fille – pour son sixième anniversaire, il jugea bon de l'emmener à un concert des Rolling Stones. Il fut de moins en moins dans les parages, puis plus du tout, jusqu'à se retirer tout à fait de la plus étrange des façons : une nuit de juillet 1982, alors que sa carrière s'embourbait dans la série B, il mourut décapité par les pales d'un hélicoptère sur le tournage de *La Quatrième Dimension,* à cinquante-trois ans, et avec lui les deux enfants vietnamiens de six et sept ans (engagés illégalement par le réalisateur John Landis) qu'il tenait dans ses bras pour les besoins d'une scène de poursuite. Après l'annonce par téléphone, Jennifer resta en état de choc, mutique, sans savoir quoi ressentir. Elle avait vingt ans. Les suites judiciaires de l'affaire s'étendirent sur plusieurs années et impliquèrent différents membres de l'équipe, dont Landis lui-même, pour « homicide involontaire ». Au terme du procès, les accusés furent acquittés et des dommages et intérêts au montant inconnu versés aux familles des victimes.

Trois semaines après le coup de téléphone, la comédie *Ça chauffe au lycée Ridgemont* sortait sur les écrans américains et Carrie entrait en cure de désintoxication pour la première fois. D'elle, du long combat qu'elle mena contre ses addictions, Jennifer discuta sans trop de difficulté – d'autant que les rôles établissaient un rapport pour le moins compliqué à la figure de la sœur (voir *Sister, Sister* de Bill Condon en 1987 ou *Margot va au mariage/Margot at the Wedding* de l'ex-mari Noah Baumbach en 2007). Concernant son père, en revanche, ce fut une fin de non-recevoir au *Washington Post* en 1992, en trois compartiments : « On peut parler de mes films, on peut parler de ma vie, on ne peut juste pas parler de mon père.» Le temps aidant, elle se laissa plus facilement aller à l'évoquer, pas l'accident – innommable – mais le souvenir de cet homme-ombre. Le fait est qu'ils se ressemblent beaucoup, et de plus en plus à mesure que les années font se froncer les sourcils. «Je marche comme lui, je parle comme lui, mes expressions sont les siennes», disait-elle lors d'une rencontre publique en 2016. Aujourd'hui, certains soirs, quand elle tombe sur un vieux film ou une série et qu'il apparaît à l'écran, elle appelle Rohmer Emmanuel Baumbach, né sur le tard de son union avec le réalisateur du même nom en 2010, et mère et fils le regardent ensemble, ce père et grand-père nommé Morrow. Les familles de comédiens ont l'apanage de ces visites surprises.

Jennifer Jason Leigh est une enfant de la balle. Petite, elle imaginait que le cinéma, c'était simplement ce que faisaient les adultes. La notoriété de feu son père, surtout après sa mort, fut un drôle de poids – la singularité de ce deuil, son exposition. Les gens ignoraient que, le jour de ses quatorze ans, pour faire amende honorable et établir un lien avec cette benjamine jugée distante, Vic lui parla des violences qu'il avait fait subir à sa mère. Il lui raconta qu'une fois il avait tellement amoché Barbara qu'elle avait fini à l'hôpital, puis qu'elle s'était cachée pour qu'il ne la retrouve pas. Jennifer avait deux ans, Carrie Ann cinq – la première trop jeune pour s'en souvenir, la seconde peut-être pas. C'était l'année de la rupture de ses parents, en 1964. L'actrice raconta cet épisode en quelques mots dans un échange avec son amie Phoebe Cates (rencontrée sur le tournage de *Ça chauffe au lycée Ridgemont*) pour le magazine *Interview* en 2018. À propos de Vic Morrow, Jennifer clôt le chapitre : «Je n'étais pas assez rock'n'roll pour lui.» Et Phoebe Cates, proche parmi les proches, de compléter : « Tous ceux qui étaient rock'n'roll sont morts désormais. »

La mère, Barbara Turner, s'est éteinte en avril 2016, à soixante-dix-neuf ans. Voir deux ou trois photos d'elle suffit à se faire une idée de la femme élégante et charismatique qu'elle était. Connue pour les longues recherches associées à son travail de scénariste, Jennifer lui doit son penchant pour la préparation et sa relation rigoureuse au « *method acting* ». C'est elle qui l'encouragea à tenir un journal pour chacun de ses rôles – à ce conseil, la fille s'est tenue. Barbara commença par être actrice dans les années 1950 et 1960, puis se mit à l'écriture parce que ça gagnait mieux et par curiosité pour la nature humaine. Outre *Georgia*, elle a écrit *Pollock*, de et avec Ed Harris, en 2000, sur le peintre américain Jackson Pollock. Son nom de naissance projette des victoires, des jardins et des tempêtes : Gloria Rose Turner.

En 1994, dans un portrait intitulé « *Jennifer Jason Leigh feels your pain* »[23], le magazine *Esquire* lui posa la question suivante : « Êtes-vous heureuse en ce moment ? » et Leigh, trentenaire, répondit : « Eh bien, ouais, je crois ouais... » Si la souffrance l'attire, ce n'est pas pour autant la sienne. Sa gamme personnelle se révèle plus sobre. De son propre aveu, les personnages dont elle se sent la plus proche sont ceux qui font tapisserie. « Je pourrais jouer Lisa pour toujours », glissait-elle à la sortie d'*Anomalisa* de Charlie Kaufman. Soit une poupée animée en *stop motion* à laquelle elle prêtait sa voix de cartoon, l'anomalie éponyme. (L'anomalie, par définition ce qui s'écarte de la norme, de la règle.) Dans une scène, Michael, conférencier déprimé, demande à Lisa, l'auditrice complexée qu'il

---

23 « Jennifer Jason Leigh comprend votre douleur. »

vient de rencontrer à l'hôtel, s'il lui arrive de chanter. Celle-ci admet que, parfois, avec la radio, ça lui arrive. Surtout Cyndi Lauper «parce qu'elle a une voix si belle et qu'elle se moque de ce que les gens pensent. Elle est juste elle-même, et ça demande du courage. C'est quelque chose que j'admire. Vous voyez ce que je veux dire?». Michael souhaite l'entendre fredonner. Lisa commence par refuser, hésite, puis se lance : «*I come home in the morning light... My mother says: "When you gonna live your life right?"...*» Qui connaît bien «Girls Just Want to Have Fun» notera qu'elle coupe le morceau (le père est évacué de sa version) pour en venir plus vite à son passage préféré : «*Some boys take a beautiful girl... And hide her away from the rest of the world... I want to be the one to walk in the sun...*» «Ça décrit si parfaitement la personne que je veux être», confirme l'héroïne la chanson terminée. Elle veut être celle qui marche au soleil. Dire cela, ce n'est pas très différent d'affirmer vouloir jouer le feu.

Ce rapport à la lumière (de quel côté du trottoir marchons-nous?) traverse également *Washington Square* d'Agnieszka Holland (1997), réalisatrice elle-même travaillée par le clair-obscur, des ténèbres du nazisme dans *Europa Europa* (1990) jusqu'au récent *L'Ombre de Staline* (*Mr Jones*, 2019), en passant par *Total Eclipse* (*Rimbaud Verlaine*, 1995) ou *In Darkness* (*Sous la ville*, 2011). *Washington Square* est une adaptation du roman de Henry James, déjà porté à l'écran par William Wyler en 1949 sous le titre *L'Héritière/The Heiress* (Olivia de Havilland jouait Catherine Sloper, fille à papa éprise d'un Montgomery Clift surtout intéressé par la fortune de cette «héritière»). Tout en appréciant le film de Wyler, Holland y voyait une «*revenge story* à l'américaine» à quelques encablures de la subtilité insufflée par l'auteur de *Portrait de femme*. Pour cette nouvelle adaptation, la finesse du trait devait, selon Holland, passer en grande partie par le personnage de Catherine et la palette d'émotions d'une interprète qui saurait être, dans l'ordre, vilain canard, poule amoureuse, aigle vengeur et cygne tragique. Ce fut Jennifer Jason Leigh, dans une prestation d'exception, l'une des plus nuancées de sa carrière. Contactée par nos soins, Agnieszka Holland évoque un choix indiscutable pour elle. Il l'était moins pour la société de production :

> « À l'époque, des actrices très populaires étaient intéressées par le rôle et je peux vous dire que ce n'était pas évident pour le studio que Jennifer l'obtienne. Lorsqu'on regarde son parcours, ce qui la caractérise, c'est de n'avoir jamais été une actrice "mainstream" ni une actrice de films commerciaux. C'était toujours l'actrice des metteurs en scène, pas celle des producteurs. Non pas parce qu'elle était difficile, mais parce qu'ils la trouvaient bizarre, pas nécessairement sympathique, pas nécessairement sexy. Tout ce qu'on dit d'une femme qui a du caractère et qui est différente.»

Holland n'a jamais regretté sa décision, même si celle-ci eut semble-t-il des conséquences sur la promotion du film (« Le studio a fait moins d'efforts à la sortie, au niveau de la publicité »). L'affiche américaine annonçait du reste la couleur, misant sur une vitrine de drame romantique (« Elle doit choisir entre la fortune de son père... Et l'homme qu'elle aime »), le tout façon passion brûlante (un homme et une femme s'étreignent, prêts à s'embrasser). Ironique car, plutôt que de passer du père à l'époux, Catherine finit par se choisir elle-même, la trajectoire du film ne conduisant pas au couple, mais au-dedans de soi. Ce faisant, l'héroïne atteint une forme de plénitude : «*Please don't come here again*»[24] souffle-t-elle à Morris (Ben Chaplin), calme et ferme, et ce sont ses derniers mots. Catherine se remet ensuite au piano, une enfant à ses côtés (célibataire depuis sa rupture avec ce séducteur qui revenait là tenter sa chance, elle se consacre désormais à l'enseignement). L'enfant la regarde, comme des années avant Morris l'avait regardée le temps d'un quatre mains, sauf que c'est maintenant un regard de fille à femme, dépouillé d'intentions. Et parce qu'il ne faut pas l'oublier, c'est aussi une femme derrière la caméra, dont l'œil se rapproche afin de saisir au plus près l'héroïne sans fard, rides d'expression, grain de la peau, duvet, pour s'élever avec elle, s'abaisser avec elle, à son rythme. L'obscurité se fait autour et il n'y a plus alors que ce visage qui dodeline plein écran, entre chien et loup, avant de trouver l'équilibre dans l'entre-deux d'un sourire bientôt obscurci jusqu'au noir complet. Combien faut-il être aimée pour être filmée comme cela, d'un amour qui ne connaît pas la convoitise, pas l'ascendance, d'un amour de même hauteur, sororal au sens de solidaire et pudiquement formulé sur le départ : je te comprends, je te laisse ici, j'éteins la lumière.

«C'est un film où le point de vue de la femme s'impose, avec une dimension féministe. J'ai voulu la dévoiler; la montrer, en quelque sorte, dans sa beauté nue, spirituelle.» L'intention de la réalisatrice s'applique autant au personnage qu'à l'interprète, étant admis qu'on assiste à cette minute à une surimpression. Quelle actrice est Jennifer Jason Leigh? Comment la définir? Agnieszka Holland :

---

24 «S'il te plaît, ne reviens plus.»

> « C'est une actrice honnête, au sens d'un souci de vérité, et aussi quelqu'un qui porte en elle quelque chose de douloureux. Je veux dire par là qu'elle s'engage à tel point dans son travail qu'elle en perd presque une partie de son âme. C'est un processus qui est... Je ne connais pas une autre personne qui le fasse autant. Seules peut-être une ou deux actrices ont, à ma connaissance, cette façon de se perdre totalement dans le travail, quitte à n'être presque plus capable de vivre pendant ce moment-là. »

La disparition finale de *Washington Square,* ce fondu au noir, pourrait ainsi être appréciée comme la démonstration du don (talent et offrande) de l'actrice, ou du moins cette actrice-là – l'effacement comme essence et comme gouffre, comme épreuve et comme destin.

Ou peut-être qu'il n'en est rien. À la sortie du film, en 1997, le présentateur vedette Charlie Rose (qui serait plus tard mis en cause dans le mouvement #MeToo, mais c'est une autre histoire) demanda à Leigh : « Qu'est-ce qui est le plus facile et le plus difficile dans le fait de jouer ? » Le plus facile, répondit-elle après un moment de réflexion, c'est justement de « disparaître », disparaître dans la peau de quelqu'un d'autre et la joie qui en résulte. Le plus difficile, à l'opposé, réside dans la peur terrible, une fois le rôle obtenu, de ne pas être au niveau des attentes : « Le seul moyen de surmonter cette appréhension, précise-t-elle, c'est de commencer à travailler. » Voilà, sans doute, une piste pour justifier et comprendre tant de préparations (fumer deux paquets de cigarettes par jour pour *Dolores Claiborne,* s'entretenir avec une demi-douzaine d'opératrices pour *Short Cuts,* tapisser sa loge de photos de Bridget Fonda pour *JF partagerait appartement...*) : contre le manque de confiance et le sentiment d'imposture, se construire une armure à l'entraînement. Pour *Washington Square,* Holland se souvient que l'actrice avait insisté pour porter un corset deux mois avant le début du tournage, lu et relu tout Henry James et qu'elle était incollable sur l'époque victorienne au point de filer des complexes à la réalisatrice. « Et puis, je me suis aussi aperçue, une fois le tournage commencé, qu'elle avait mis de côté toute la science accumulée pour se concentrer uniquement sur son interprétation. » Elle jouait, et même lorsque la caméra n'était pas sur elle, elle jouait encore. Agnieszka Holland ajoute : « Elle est très généreuse avec les autres acteurs. Elle était presque meilleure quand elle jouait pour quelqu'un, hors-champ, pour lui donner cette sorte d'inspiration, d'aide. » Dans un article de 1995, *Rolling Stone* mentionne une habitude de Jennifer Jason Leigh en entretien : après avoir répondu à chaque question, elle la retourne en demandant : « Et vous ? »

Difficile de savoir ce qui nous retient chez une actrice. Pour ma part, j'aime Jennifer Jason Leigh depuis l'adolescence parce que je la trouve bizarre, punk, drôle, cool, secrète, sauvage, irrégulière, surprenante, parce qu'elle me donne l'impression d'être différente, libre, pour son côté pirate, parce qu'elle a appelé son fils Rohmer et pour ce qu'il y a d'inexplicable à s'attacher à un visage plus qu'à un autre, à vouloir le retrouver, le voir vieillir, se transformer, s'y reconnaître. J'ai entrepris, sur plusieurs mois, de regarder tous ses films, en intégralité, une soixantaine de « JJL *movies* » dans le désordre, sans exception ni distinction de goût ou idée d'évaluation. Sans non plus choisir entre troisièmes, seconds ou premiers rôles. J'ai tout vu, de la qualité VHS au 70 mm, hasards, galères, prouesses, qu'elle occupe toute l'image ou n'apparaisse qu'en arrière-plan. Après chaque film, je faisais quelques captures d'écran, sélectionnées suivant leur pertinence et conservées dans un dossier sur mon ordinateur : « JJL captures ». Arrivé au bout de la liste, les portraits alignés font défiler les mimiques et les identités, blonde, brune, rousse, crâne rasé. C'était une toquade et c'était une trace, une marque. En 1992, au magazine *Movieline,* qui sur sa couverture la présentait en « future oscarisée » (elle se contente jusqu'ici d'une unique nomination pour *Les Huit Salopards*), elle déclara : « Mon rêve serait de jouer tous ces grands personnages et de disparaître. » Elle a disparu, elle est revenue. Elle avait changé. Elle avait mué, actrice-serpent.

# DERMA-
# BRASION

> « Un jour, j'étais âgée déjà, dans le hall d'un lieu public, un homme est venu vers moi. Il s'est fait connaître et il m'a dit : "Je vous connais depuis toujours. Tout le monde dit que vous étiez belle quand vous étiez jeune, je suis venu vous dire que pour moi je vous trouve plus belle maintenant que lorsque vous étiez jeune, j'aimais moins votre visage de jeune femme que celui que vous avez maintenant, dévasté." »
>
> Marguerite Duras,
> ***L'Amant***

Les meilleurs portraits résultent souvent d'une rencontre à armes égales, quand chacun de son côté de l'objectif cherche et donne quelque chose de soi : une question, une réponse, la possibilité d'un aveu. Nan Goldin a photographié Jennifer Jason Leigh en 1997. L'actrice avait trente-cinq ans et la portraitiste une dizaine d'années de plus. C'était à Los Angeles, dans un bar. Toutes deux étaient déjà bien installées dans leur statut d'ambassadrices de l'Amérique interlope, celle des dépendances et des indépendances. Depuis le début des années 1970, Goldin avait posé son regard sur ses amies drag-queens et Leigh n'était pas saisie autrement. Dans la caractéristique lumière ambrée, teintes coquillage et grenadine, le cliché la montre attablée devant un probable Bloody Mary. Le même cocktail attend à côté face à une chaise vide et tirée, peut-être celle de la photographe. Du point de vue de cette dernière, légèrement surplombant, les autres chaises alignées font ligne de fuite ; Jennifer Jason Leigh est de trois quarts tournée. À droite du modèle, un homme en chemise blanche se retrouve coupé par l'instantanéité. L'actrice fume, crânement, bouche foncée, queue haute et ramenarde, mèches tire-bouchon autour du visage. Elle a une petite veste bordée de fourrure rose, un gros bracelet et des pendants d'oreilles. Elle nous fixe, fixe donc celle qui tient l'appareil, et il y a fort à parier qu'à cet instant l'une se reconnaît dans l'autre et vice versa – au-dessus, un long miroir ne traverse pas pour rien l'image à l'horizontale (en 1996, la première rétrospective de Nan Goldin au Whitney Museum of American Art à New York était intitulée *I'll Be Your Mirror,* je serai ton miroir). Si la figure pâle capte l'attention, la centralise, son expression reste libre d'interprétation. Au jeu de l'équivalence, on pourrait invoquer le regard caméra de l'héroïne de *Monika* d'Ingmar Bergman (1953) où, sa cigarette allumée par un inconnu vite dégagé du champ, Harriet Andersson nous fixait elle aussi, suffisamment longtemps pour qu'un malaise infuse la séquence. Dans le film de Bergman, la jeune femme délaisse mari et bébé pour aller faire la fête. Il faut pouvoir soutenir ce regard-là, le soutenir pendant une trentaine de secondes. Jean-Luc Godard en a fameusement parlé comme du « plan le plus triste de l'histoire du cinéma ». On est en droit d'y voir autre chose : du défi, de la bravade. Un plan qui dirait : et alors quoi ? Vous croyez que vous valez mieux que moi ?

Historiquement, le portrait plastique est une création qui obéit « au souci d'opérer une synthèse des moments d'un destin »[25]. Les peintres engagés jadis par ceux qui en avaient les moyens et qui remplissent aujourd'hui les musées répondent à cet enjeu : ne pas représenter le modèle au seul moment de la pose, mais à tous ceux qui l'ont précédé et ceux à venir. Cette photographie de Nan

---

**25** Henry Bouillier, *Portraits et Miroirs*, Société d'édition d'enseignement supérieur, 1979, p. 22.

Goldin ressemble à Jennifer Jason Leigh pour des raisons qui excèdent la simple ressemblance physique : c'est le portrait-synthèse d'une attitude, d'une manière d'être au monde. Il lui ressemble d'ailleurs toujours, alors qu'elle ne correspond plus tout à fait à cette image. D'abord, elle n'a plus trente-cinq ans, mais une soixantaine d'années. Ensuite, comme bon nombre d'actrices – en particulier américaines – de sa génération, Leigh a depuis fait de la chirurgie esthétique et son visage s'en est trouvé changé. En conséquence, pendant ses années de vache maigre, elle fut un temps filmée de loin et rapidement, semble-t-il par embarras : en 2013, dans *The Spectacular Now* (James Ponsoldt), elle ne sortait pour ainsi dire jamais de l'ombre (en 2015, c'était d'autant plus réjouissant de la voir reparaître chez Tarantino avec ses retouches parfaitement anachroniques pour incarner Daisy la gueule cassée). Et depuis ? Sans doute que, d'une façon curieuse, gonflée, ses transformations rajoutent de la bizarrerie là où il y en avait déjà – plusieurs de ses rôles récents semblent l'attester. La chirurgie esthétique pourrait même, dans son cas, répondre à une propension pour la métamorphose constatée dans toute sa filmographie, voire en constituer une forme de poursuite plus radicale, organique. Entrer dans la peau. Changer de peau.

Certaines actrices, on le sait, on le voit, font de la chirurgie esthétique et, pour cela, payent parfois un tribut, se retrouvant contraintes de s'en expliquer, de s'en excuser presque, quand elles ne sont pas tout bonnement ostracisées. Deux des victimes les plus illustres de ce traitement médiatique sont, d'un bout à l'autre de l'Atlantique, Meg Ryan et Emmanuelle Béart (deux actrices que le succès des jeunes années a figées dans des images de naturel intouchable, ingénue pour l'une, sauvageonne pour l'autre). Que cette dernière ait tourné avec Jacques

Rivette, Claude Sautet ou Claude Chabrol ne pèse pas lourd dans l'imaginaire populaire face au poids d'une bouche refaite au début des années 1990 et perçue, avec le temps, aussi bien comme une entrave que comme un signe distinctif. Béart, qui s'épanouit désormais plutôt au théâtre qu'au cinéma, s'en repentait encore dans les pages du *Monde* en 2012 :

> « Pour ce qui est de façonner le visage ou le corps, j'ai fait refaire ma bouche, à l'âge de vingt-sept ans. Ce n'est une énigme pour personne : c'est loupé. Si quelqu'un, homme ou femme, refait quelque chose, c'est parce que, pour une raison qui ne regarde personne, il n'arrive pas à vivre avec, et que cette partie de son corps ne lui est plus supportable. Alors, soit on est aidé et on a la force de la combattre, soit on y va, et on passe à l'acte. »

« C'est loupé » disait-elle, et c'est semble-t-il ce que « le monde » attendait d'elle. Qu'elle confirme ce qui n'était un secret « pour personne » puisque nous l'avions constaté dans les magazines et à l'écran. Pourtant, attention : entre le « loupé » et le moment où elle vide son sac, Béart a plus de vingt ans d'une carrière fort estimable derrière elle. C'est évidemment qu'entretemps il a fallu faire avec, en faire quelque chose, s'en servir. Qu'est-ce qu'un loupé ? Quels paysages le mauvais chemin a-t-il fait découvrir ?

La bouche d'Emmanuelle Béart, et ce qu'elle-même en livre, témoigne d'un parcours, fût-il accidenté. Cette bouche, qui n'était pas celle de Manon des sources et s'en démarquait tangiblement, est devenue celle d'autres beaux personnages, peut-être plus contemporains, auxquels l'actrice a par la suite donné chair et vérité : c'était la leur et elle leur allait très bien. Charge à nous de trouver des gouffres et des splendeurs où l'on voudra. Toujours dans *Le Monde*, en 2017, la journaliste Fabienne Darge terminait sa critique de la pièce *Erich von Stroheim* de Christophe Pellet, mise en scène par Stanislas Nordey, par un hommage frontal à Béart, « objet de désir cinématographique, devenue, par choix, une excellente actrice de théâtre, avec sa beauté recousue et blessée – sublime Frankenstein blond montrant à travers ses coutures celles du théâtre et du cinéma, mêlées ».

Les faces lissées se lisent aussi. Le botox ne fige rien de nos désirs d'interprétation. Hérésie, entend-on, quand le jeu (drame ou comédie) appellerait une plasticité à toute épreuve. C'est parfois vrai – l'Australienne Toni Collette dispose, parmi d'autres, d'une kyrielle de grimaces fort utile à *Hérédité* (*Hereditary*, Ari Aster, 2018) ou à *Je veux juste en finir* (*I'm Thinking of Ending Things*, Charlie Kaufman, 2020) –, mais pas toujours. Plus encore, le masque vilipendé peut épouser à merveille les contours d'un rôle : c'est le cas de Nicole Kidman dans la série *Big Little Lies* (David E. Kelley, diffusée depuis 2017), aquarelle de façade selon son voisinage et robot sexuel punching-ball pour son mari, ou de Sandra Bullock qui, dans *Gravity* (Alfonso Cuarón, 2013), mettait son allure bionique au service d'un film réfléchissant à l'avenir du cinéma et à sa diffusion – avec, aux commandes, une astronaute au visage de synthèse, redimensionné, stéréoscopique. Dernièrement, Renée Zellweger remportait un oscar en figurant une Judy Garland inquiétante dans *Judy* de Rupert Goold (2020) et parvenait, de-ci de-là, à nous tirer vers quelques profondeurs, y compris pour des raisons liées à son rapport clair-obscur au bistouri. En 2016, Zellweger s'était du reste fendue d'une tribune dans *The Huffington Post* pour réagir à l'avalanche de commentaires suscitée par un « nouveau visage » élevé en étendard contre les injonctions subies par les femmes passé la trentaine : « Peut-être pourrait-on se demander pourquoi nous partageons un goût pour le spectacle de l'humiliation de personnes que l'on critique pour leur apparence ? », interrogeait-elle. Sa lettre répondait en premier lieu à un article (publié dans *Variety* par le critique Owen Gleiberman) au contenu nauséabond mais au titre intrigant : « Renée Zellweger : si elle ne se ressemble plus, est-elle devenue une actrice différente ? »

« Au nom de quoi une chirurgie esthétique serait-elle ratée ? » demandait la journaliste Nadia Daam sur *Slate* en 2018 (dans un texte qui prenait comme point de départ les quolibets essuyés par l'ancienne ministre de la Justice Rachida Dati). D'après l'autrice, « l'un des atours dont se pare le bashing des femmes botoxées, c'est l'idée qu'elles feraient du mal à la cause. Qu'elles ont tant et si bien intégré les normes et diktats gouvernant l'apparence, qu'elles sont les victimes consentantes de l'injonction au corps parfait et les complices d'une forme de sexisme. » La critique Murielle Joudet, dans un post de blog intitulé « Nous ne vieillirons plus ensemble » (repris sur le site de *L'Obs*), ramenait l'année suivante la question dans la sphère du cinéma à l'occasion des sorties rapprochées de *Judy* et *Scandale* (*Bombshell*, Jay Roach, 2019) et faisait cas d'école en reprochant vertement aux actrices américaines de ne plus vouloir vieillir, avec leurs « visages humains qui n'en sont plus ». « Si, écrit-elle, Bette Davis avait été empêchée de vieillir, elle aurait été amputée d'une bonne moitié de sa filmographie. La filmographie d'un acteur, d'une actrice, c'est un récit qui fait passer du temps, qui raconte l'histoire d'un visage, d'un corps et de gestes qui se transforment, vont vers la mort et s'en amusent parfois. » Objectons à notre tour que ceci n'empêche pas cela, au contraire. De même (précisons à ce stade que les actrices de *Scandale* portent des prothèses dans le film, ce qui en faisait de toute façon un exemple biaisé), le recours à la chirurgie esthétique, associé dans l'article à la pression de l'éternelle jeunesse, ne témoigne pas nécessairement d'une compétition allant à l'encontre de l'idée de sororité (allez dire cela à Gloria Steinem ou Jane Fonda). Et enfin : qu'est-ce qu'un visage humain?

Chez les principales intéressées, force est de constater que les témoignages s'élèvent plus volontiers pour s'en défendre ou regretter. Le récent diaporama «Ces stars qui disent non au botox» sur le site du magazine *Elle* compile, à cet égard, plusieurs citations de personnalités repenties ou réfractaires, en commençant par la jeune Emma Watson : «Je pense que les actrices qui ont vraiment du succès sont bien dans leur peau et ont toujours une apparence humaine.» Gwyneth Paltrow : «J'avais l'air d'une folle.» Le surprenant «Quelle horreur! Je ressemble à une truite!» de Sharon Stone ou le très mesuré «Le botox devrait être interdit pour les acteurs, comme les stéroïdes le sont pour les sportifs» de Rachel Weisz. Au rayon du pire, on fait régulièrement défiler les «monstres», les Lara Flynn Boyle, les Mickey Rourke. Pour lui, il y eut bien *The Wrestler* (Darren Aronofsky, 2009) – qui d'autre aurait pu jouer ça? –, mais l'amie Donna fut en effet privée d'une nouvelle visite à *Twin Peaks*. L'absente, ce coup-ci, c'était elle. Personne n'a fait l'effort d'aller la chercher. (Tu me reconnais?)

«Je ne me reconnais plus», déplorait Jennifer Jason Leigh en 2020, dans *Possessor* de Brandon Cronenberg. Elle y incarne la cheffe d'une entreprise de tueurs à gages d'un genre nouveau : pour remplir leurs missions incognito, les assassins maison, reliés à des machines au design rétro-futuristes, infiltrent des corps et atteignent leurs cibles grâce aux «véhicules» que constituent, pour untel, la discrète hôtesse d'un événement, ou, pour tel autre, le gendre de la victime désignée. Pendant l'exécution, l'enveloppe première est en sommeil et la patronne, dénommée Girder («poutre» en anglais, celle qui maintient la structure et supporte l'acrobatie), veille à leurs côtés, leur parle, en périphérie de l'ensemble, spectatrice au même titre que nous. On comprend qu'il fut un temps où elle aussi plongeait pour investir d'autres intériorités (elle était donc actrice, au sens d'une puissance agissante) mais, prévient-elle en prélude, elle est désormais «trop vieille». Brandon Cronenberg est le fils de David, pour qui vingt ans plus tôt Leigh fut l'Allegra Geller d'*eXistenZ.* Conçue comme un millefeuille de réalités, la partie du père s'achevait par une question laissée en suspens : «*Are we still in the game?*» (on est toujours dans le jeu?). *Possessor,* dans le double hommage consciemment œdipien qu'il représente (au père bien sûr, mais aussi à l'actrice), reprend la main et offre une réponse : oui, on est toujours dans le jeu et elle, toujours dans le *game.* Quoique peu présente à l'écran, Jennifer Jason Leigh est ici étudiée en Rubik's Cube, sous toutes ses coutures : de loin, de près, sur le côté, dans la lumière rouge, dans l'ombre, et finalement de face, blanche, plein phare. Possédante possédée, reine mère des mutants et encore capable de retourner le film en un geste, un regard. La preuve.

Comment vieillir, dans la vie, au cinéma? Et à quel moment, donc, se ressemble-t-on? Lorsque Jeanne Moreau est morte, à quatre-vingt-neuf ans, s'est posée pour la presse la question récurrente du choix de la photo à la une. Dans quel film, à quel âge, fallait-il retenir

Moreau ? Pour son édition du 1er août 2017, *Libération* avait opté pour un gros plan en noir et blanc sur lequel, menton posé sur le poignet, l'actrice regarde au loin, époque *Les Amants* (Louis Malle, 1958). *Le Monde* titrait « L'affranchie » et la figeait à la même période. « Une comédienne inclassable » pour *Le Figaro,* pas plus âgée sur l'image. Elle fut rarement présentée plus vieille. Cet autre visage, celui de la seconde moitié, paraissait sans doute plus difficile à regarder, ne pouvait en tout cas pas faire unanimement synthèse puisqu'il faisait conclusion. Dans l'un des éclats de la nécrologie de *Libération,* l'article « La femme aux mille visages », Luc Chessel évoquait la Moreau *seventies* de *Nathalie Granger* (Marguerite Duras, 1972) où, avec l'Italienne Lucia Bosé, elle jetait au feu *Le Monde* du jour, « deux sorcières impassibles qui n'ont plus besoin du monde et encore moins d'un maître ». En 2005, après avoir été questionnée sur le sujet par Thierry Ardisson, Jeanne Moreau avait admis avoir eu recours à la chirurgie esthétique, « une fois », pour « faire une sorte de lifting ». Juste avant, l'animateur lui avait aussi demandé son pire défaut. Pas avare, elle en avait donné trois : « L'impatience, l'autorité – qu'on supporte mal chez une femme – et l'autonomie, le goût de la solitude. » Lui : « L'indépendance ? » Elle, bagousée, soixante-dix-sept printemps : « Ouais. »

# À BRÛLE-POURPOINT

> « Un lieu appartient pour toujours à celui qui se l'approprie avec le plus d'acharnement, s'en souvient de la manière la plus obsessionnelle, l'arrache à lui-même, le façonne, l'exprime, l'aime si radicalement qu'il le remodèle à sa propre image, et non seulement la caserne de Schofield mais une bonne partie de Honolulu tout entier a toujours appartenu, pour moi, à James Jones. »[26]
>
> Joan Didion,
> ***L'Amérique***

Chacun tisse avec certaines actrices, certains acteurs, une relation qui lui appartient et ne regarde personne. Elle répond à sa propre logique, s'étiole ou se renforce avec le temps. Elle peut avoir son importance à l'échelle d'une vie. Comme la plupart des gens de ma génération, j'ai découvert Jeanne Moreau à rebours : d'abord vieille dame, puis de plus en plus jeune au fil des années, à mesure que je remontais sa filmographie. Quand j'étais enfant, elle était en fait presque moins actrice qu'invitée d'honneur ou présentatrice de cérémonies. Plus tard, j'ai appris que pendant cette période où elle faisait le tour des festivals, elle était paradoxalement assez fauchée. On l'invitait dans des hôtels, on lui prêtait des robes incroyables, mais elle était à découvert, vagabonde malgré les apparences. Depuis que je connais cette histoire, je trouve que ça ferait un joli film, un joli rôle. Vers la fin, suivant la chronologie sens contraire, elle pourrait reculer dans la rue avec la trompette de Miles Davis en piste inversée. Se dépouiller des apprêts, rendre les décorations, ravaler la fumée de ses cigarettes et redevenir au bout du compte cette jeune première giflée par

---

**26** Traduit de l'anglais (États-Unis) par Pierre Demarty, Grasset, 2009.

Jean Gabin dans *Touchez pas au grisbi* (Jacques Becker, 1954), que soixante ans de cinéma et de déplacements attendaient.

Jeanne Moreau est morte le 31 juillet 2017, à Paris, dans son appartement de la rue du Faubourg-Saint-Honoré. Il se trouve que j'étais alors en voyage en Californie, à Monterey exactement, une ville côtière et touristique où une notification sur mon téléphone portable m'annonça sa disparition un matin. Le jour même et les suivants, j'ai beaucoup pensé à elle, sans néanmoins parvenir à identifier tout à fait la nature de mon émotion – c'était un deuil et ça n'en était pas un, c'était personnel et forcément un peu sot. Toujours est-il que Jeanne Moreau a fait irruption pendant ce séjour et qu'elle l'a bizarrement imprimé, comme certains romans ou certains morceaux impriment parfois des périples avec lesquels ils n'ont rien à voir, mais il y avait autre chose. San Francisco, d'où j'arrivais, m'avait rappelé Armistead Maupin et ses réjouissantes *Chroniques,* couleurs, liberté, mais aussi, en contrepoint, les articles de Joan Didion et ce que l'écrivaine racontait de la folie, des drogues, des errances. Et voilà que Moreau, en quelque sorte, réconciliait ces deux pôles dans ce qu'elle incarnait d'émancipation et d'inquiétude, de frivolité et de gravité. Je m'en suis rendu compte *a posteriori*, mais cela avait sa cohérence, l'actrice n'étant pas non plus étrangère à l'Amérique.

On lui donnait du « Mademoiselle » avec gourmandise, démonstrativement, en témoignage de son autonomie, et il est vrai que le mariage ne lui réussit jamais vraiment. Elle s'y essaya à deux occasions, avec deux réalisateurs. La première fois à la vingtaine, en 1949, la veille de la naissance de son fils, avec le père, Jean-Louis

Richard (qui la ferait jouer dans *Mata Hari, agent H21* en 1964, une dizaine d'années après leur divorce); elle était pensionnaire de la Comédie-Française et encore inconnue du grand public. La seconde fois, c'était une star et ce fut une surprise pour tout le monde. Un coup de tête, en février 1977, qui appela son départ outre-Atlantique. L'actrice avait rencontré brièvement William Friedkin quelques années auparavant lorsqu'il était venu en France faire des repérages pour *French Connection* (1971). «Nous nous sommes mariés parce qu'il me l'a proposé, justifia Moreau à sa biographe Marianne Gray. J'ai été impressionnée par son courage, et terrifiée.» Après la cérémonie parisienne, le couple s'envola pour les États-Unis et vécut pour l'essentiel à Los Angeles dans une villa avec grilles électroniques. Friedkin souhaitait que Jeanne Moreau prenne son nom, elle refusa. Il voulait également qu'elle arrête de travailler. Les mois suivants, elle tua le temps en empruntant des films aux studios Warner et commença à rédiger une autobiographie qu'elle ne finirait pas. Leur mariage dura presque deux ans – «la relation la plus passionnée de ma vie», se souvenait l'actrice. Après le divorce, le réalisateur de *L'Exorciste* (1973) eut des mots plus durs dans la presse, rapportés par Gray :

> «Le cœur de Jeanne est comme une pièce immense où il fait toujours froid. Un homme arrive, il allume un feu, les flammes dévorent tout puis meurent. Quand il ne reste que des cendres, elle frissonne. Elle sait qu'un feu ne renaît pas de ses cendres. Il faut en rallumer un autre. Ça la chagrine. Alors elle passe son temps à chercher l'homme qui ne laissera pas les flammes mourir.»

Bien que l'Amérique et à plus forte raison la Californie se trouvèrent associées à cette relation contrastée, Jeanne Moreau n'en voulut pas à l'Amérique. Elle y était allée avant et continua à y aller après. « Ça aurait pu arriver n'importe où. C'était un problème entre un homme et une femme. » Elle rentra en France en avril 1979, le divorce fut prononcé en décembre. Les années 1970 s'achevaient, brassant avec elles *Les Valseuses* (Bertrand Blier, 1974), du théâtre avec Peter Handke et des chansons : l'« India Song » du film de Marguerite Duras en 1975 ou « Je m'ennuie la nuit sans toi » dans *Le Jardin qui bascule* de Guy Gilles, la même année, dont elle avait écrit les paroles : « Attirée par la vie du monde / Je sais bouger hors de ton corps / Heureusement, la Terre est ronde / Toutes les routes mènent au port. »

Début 1980, après la fin du tournage dans l'Aveyron de son deuxième film en tant que réalisatrice, *L'Adolescente,* Jeanne Moreau acheta un nouvel appartement à Paris, rue de l'Université, où elle entreprit, fragilisée par sa rupture avec Friedkin et sujette à de mystérieuses allergies, une « sorte de retraite religieuse ». Joan Juliet Buck, anciennement en charge de ses relations publiques et plume du *Vogue* américain, comptait parmi ses visiteuses :

> « Quand on allait la voir, elle était en djellaba, elle préparait à manger, allumait des bougies parfumées qui répandaient une odeur magique de mousse et de thé, elle décortiquait votre vie et soudain, à brûle-pourpoint, elle vous disait : "Je suis fatiguée maintenant. Il faut que tu partes." Elle vous mettait à la porte, généralement un cadeau en main. »[27]

27 Marianne Gray, *Mademoiselle Jeanne Moreau*, Nouveau Monde Éditions, 2003, p. 206.

C'était une période flottante où Jeanne Moreau ne faisait pas grand-chose. Toutes proportions gardées, c'était une période où elle n'avait plus non plus grand-chose. Malgré les succès des années 1960 et l'aura dont elle bénéficiait, ses films les plus marquants ne lui avaient rapporté que peu d'argent – le profit n'était pas moteur, elle investissait même au besoin son propre capital. Il n'en reste pas moins qu'elle affectionnait le luxe dans ses clichés, champagne, Rolls-Royce, fourrures, et qu'elle jouissait de ses privilèges en tirant sur la corde. Pour se maintenir à flot, puisque les impôts vinrent lui réclamer des comptes, elle partit à Montréal tourner *Au-delà de cette limite votre ticket n'est plus valable* (*Your Ticket Is No Longer Valid*, George Kaczender, 1981). Suivirent *Plein Sud* (Luc Béraud, 1981) et *Mille milliards de dollars* (Henri Verneuil, 1982), des titres qui ne comptent pas parmi les sommets de sa filmographie. Mais peu à peu un glissement s'opérait, lequel devait déboucher sur un recours : moins présente sur les écrans, Moreau gagnait un nouveau rang à l'échelle internationale, une sorte de compensation due à l'âge qui précisément l'éloignait des plateaux. C'était un rôle de représentante, du cinéma et d'elle-même, à Moscou, Thessalonique, Chicago. En 1985, Jean-Claude Brialy évoquait l'actrice en ces termes : « Aujourd'hui, Jeanne Moreau est un cas dans notre métier : elle assiste à des réunions au ministère de la Culture, on la consulte, elle devient une ambassadrice du cinéma français dans le monde et, quand elle voyage, elle est reçue partout comme une reine. »[28]

« Est-ce que vous êtes riche ? » est une autre question que Thierry Ardisson posa à Jeanne Moreau dans l'émission

28 Jean-Claude Moireau, *Jeanne Moreau*, Ramsay, 1988, p. 141.

*Double Jeu* en 1991. Elle répondit « Non » en mordillant ses lèvres. « Je vis avec ce que je gagne, au jour le jour. » Elle évoquait ensuite ses dettes et comment, « contrairement à ce qu'on pense, un divorce américain, ça peut coûter cher ». L'échange se poursuivait ainsi :

> « Et, dans ces moments-là, quand vous aviez vraiment besoin d'argent, vous avez pensé à faire de la publicité ?
> — Non... Non, j'ai fait des émissions à Radio Monte-Carle... J'ai raconté la vie des stars... Je voyageais beaucoup... C'était assez étonnant d'ailleurs. C'était une période où je n'avais pas un rond, je n'avais même pas de quoi prendre un taxi. Il n'y a pas tellement longtemps, c'était en 1980. J'étais invitée partout. On faisait un hommage à Jeanne Moreau à San Francisco, un autre à Chicago... J'étais invitée à Boston. Je voyageais en première classe. J'étais habillée par les grands couturiers qui me prêtaient des vêtements, j'étais logée dans des palaces. Heureusement que j'avais des amis ou qu'on m'invitait à dîner...
> — Quand vous descendiez de l'avion, vous n'aviez plus d'argent ?
> — Non. Mais la vie est formidable. Parce que j'ai trouvé des gens sur mon chemin, ou ils sont venus à ma rencontre, et je n'ai jamais désespéré. Il y avait toujours quelqu'un qui me donnait 100 francs ou 500 balles. Ça s'est toujours bien passé. »

En 1980, Jeanne Moreau fut nommée officier de la Légion d'honneur sous Valéry Giscard d'Estaing, des mains du ministre de la Culture Jean-Philippe Lecat, lors du 33e Festival de Cannes, l'année où *Que le spectacle commence*

(*All That Jazz*, Bob Fosse) et *Kagemusha, l'Ombre du guerrier* (Akira Kurosawa) remportèrent la Palme *ex aequo*. Sur les photos prises au Carlton, elle porte une spectaculaire tunique brodée rouge et or, le visage un peu bouffi, une frange, les cheveux acajou. Deux ans plus tard, elle accosterait dans les eaux troubles du *Querelle* de Rainer Werner Fassbinder dans lequel, en tenancière du bar où s'encanaillent les matelots, elle tire les cartes, chante « Each Man Kills the Things He Loves » et étincelle. Madame Lysiane, Pythie et veuve noire : quinze ans après *Le Marin de Gibraltar* (Tony Richardson, 1967), la Nouvelle Vague allemande lui offrait de retrouver de l'éclat avec un rôle de sorcière des mers. Ça s'est toujours bien passé.

Pendant ces années, elle fut présidente des festivals de cinéma d'Avoriaz, de Berlin, de Toronto. En 1983, elle dirigea également le Festival de télévision de Monte-Carlo. Quelques mois plus tôt, à l'automne 1982, elle avait en effet commencé à présenter une émission sur Radio Monte-Carlo (RMC), *Boulevard des stars*, pour laquelle elle effectuait elle-même les recherches et rédigeait ses textes. Cinq jours par semaine, de 8 h 45 à 9 heures, elle évoquait Gary Cooper, Cary Grant, Elizabeth Taylor (« Pour raconter Hollywood, Jeanne Moreau n'a pas la mémoire qui flanche », s'amusait la publicité de l'époque). Sur cette lancée, elle fonda Capella Films avec pour projet de réaliser une série de portraits d'actrices en 16 millimètres. Bette Davis avait donné son accord, Ava Gardner aussi. Faye Dunaway et Jessica Lange figuraient sur la liste des élues. Finalement, un seul documentaire fut tourné, à l'été 1983, sur Lillian Gish, une vedette du cinéma muet pour qui Moreau avait une grande tendresse. À la même période, elle écrivait avec Jim Harrison un film au titre parlant, *Désirs*. Elle voyait bien Robert De Niro dans le premier rôle mais, là encore, le projet tomba à l'eau.

S'il y a bien quelque chose que savait faire Jeanne Moreau, c'était se remettre de ses échecs – pour une simple raison : elle ne les envisageait pas comme tels. Elle appréciait la culture du rebond des Américains, leur relation frontale au succès comme au plantage et le côté tragi-comique de ce manège. Grande lectrice depuis l'enfance, elle aimait aussi leur littérature. Tennessee Williams, Anaïs Nin et Henry Miller comptèrent parmi son cercle d'amis. Lors de son passage chez Bernard Pivot, en 1987, elle conseilla, très amaigrie par le théâtre et toujours clignotante de bijoux, la lecture de deux livres de Willa Cather : *La Mort et l'Archevêque* et *Mon ennemi mortel*. Plus tard, en 1996, à soixante-huit ans, elle annonça à New Delhi, lors du Festival international du film indien, le tournage d'un troisième film comme réalisatrice, cette fois produit par le tandem James Ivory et Ismail Merchant : « Joyce Carol Oates est l'auteur de l'histoire et elle va écrire le scénario pour moi. » À *L'Express*, elle précisa ensuite qu'il s'agissait d'une adaptation du roman *Solstice*, paru en 1985 aux États-Unis. Soit l'histoire d'une amitié passionnelle entre deux femmes que tout oppose : l'une blonde, professeure dans un collège privé; l'autre brune, peintre et bohème.

À l'annonce de la mort de Jeanne Moreau, Joyce Carol Oates utilisa Twitter pour rendre du tac au tac un hommage à l'actrice qui, tout curieux qu'il était, avait au moins le mérite de raconter une histoire vraie, ressemblante. En quelques phrases, elle décrivit la dizaine de jours où Moreau était venue lui rendre visite sur la côte Est, à Princeton. En 1996, Oates avait bien accepté d'écrire le scénario adapté de *Solstice*, mais n'imaginait pas la galère dans laquelle elle s'était embarquée.

« Jeanne m'accueillait avec exubérance et affection, déclarant que nous allions tout réécrire. Je ne dois qu'à mon agent de Hollywood d'avoir été sauvée de ce calvaire sisyphéen de perpétuelle réécriture. » Moreau lui offrit des fleurs, des livres et une écharpe Yves Saint-Laurent. « Absolument charmante, mais impossible de travailler avec elle. » La tentative de collaboration s'enlisa, la brune et la blonde jouant une partition curieusement accordée avec le *Solstice* en question. Pour le site BibliObs, Oates revint plus longuement sur cet épisode en évoquant les repérages menés avec elle le long du fleuve Delaware :

> « Je ne me rappelle pas combien de fois nous nous sommes mis en route à la recherche de "décors" introuvables – (mon mari Raymond Smith était au volant, Jeanne assise à côté de lui sur le siège passager, et moi à l'arrière). Mais je me rappelle du choc absolu que j'ai ressenti lorsque, un jour, après avoir visité plusieurs endroits prometteurs, Jeanne s'est soudain exclamée, comme si elle venait juste d'avoir cette idée : "Nous allons tourner en Nouvelle-Angleterre !" (Jeanne ne connaissait rien de la Nouvelle-Angleterre, j'en suis persuadée. À cet instant-là, mon cœur s'est serré – je savais que le projet ne verrait jamais le jour, en tout cas pas avec moi.) »

Sur la route, dans tous les hôtels du XIXe siècle où le trio faisait halte, Jeanne Moreau faisait croire aux propriétaires – peut-être y croyait-elle elle-même – que le film pourrait se tourner dans leur établissement. Oates, fascinée, la regardait faire – l'actrice et l'écrivaine. Quand enfin Joyce expliqua à Jeanne, en se confondant en excuses, qu'elle ne pourrait pas continuer à travailler avec elle, la Française n'en prit pas ombrage ni ne s'en étonna. Elle argumenta plus tard qu'elle n'était de toute façon «pas assez excellente réalisatrice». Fin du *Solstice.*

«Sous certaines latitudes, pendant un certain laps de temps à l'approche et au lendemain du solstice d'été, quelques semaines en tout, les crépuscules rallongent et bleuissent.»[29] C'est la première phrase du *Bleu de la nuit,* le dernier livre inédit de Joan Didion, publié aux États-Unis en 2011. Ce phénomène météorologique n'existe pas en Californie subtropicale, région dont l'écrivaine, journaliste et scénariste est originaire. On peut en revanche l'observer à New York où Didion vit dorénavant recluse dans son grand appartement. Les nuits bleues dont elle parle prolongent l'été, avant «l'inévitable assombrissement, l'agonie de la clarté». Didion a maintenant quatre-vingt-sept ans.

Quand on me demande par quoi commencer avec Joan Didion, je conseille généralement *L'Année de la pensée magique.* C'est par ce livre, récit du deuil de son mari, que je l'ai découverte il y a quinze ans et j'y suis particulièrement attaché. Mais j'ajoute que ses chroniques publiées entre 1965 et 1990, réunies en France dans *L'Amérique,* peuvent être une autre bonne entrée. J'aime particulièrement la couverture en grand format du second (les deux livres sont traduits en France chez Grasset) : on y voit l'écrivaine assise au volant de sa Corvette mais tournée de côté, vers le photographe, vitre baissée, une cigarette entre les doigts. C'est une photo fameuse prise par Julian Wasser pour *Time Magazine* qui illustre l'itinérance d'un recueil où l'on voyage à New York, Los Angeles, Honolulu. L'image en noir et blanc la place au centre, tête d'affiche

29 Joan Didion, *Le Bleu de la nuit*, traduit de l'anglais (États-Unis) par Pierre Demarty, Grasset, 2013.

au même titre que l'actrice nomade de son roman *Maria avec et sans rien* (1970) où l'on trouve ces lignes : « Une fois qu'elle était sur l'autoroute, qu'elle s'était faufilée jusqu'à une des voies de gauche, elle allumait la radio très fort et elle roulait. [...] Elle roulait comme un batelier parcourt un fleuve, chaque jour plus habituée à ses courants, à ses traîtrises... »[30]

Plusieurs biographies ont été écrites sur Jeanne Moreau. Sur la couverture de l'une d'elles, *Jeanne Moreau - Destin d'actrice* de Stéphane Loisy et Jean-Luc Béjo, en 2016, figure une photo d'*Eva* de Joseph Losey (1962). Moreau a la figure un peu relevée et une cigarette aux lèvres, très roman noir. Le regard de côté, les cernes, le nez retroussé, la bouche tombante. Sur cette photo, Jeanne Moreau et Joan Didion se ressemblent presque trait pour trait (le portrait de Didion par Wasser a été pris en 1968, le tournage d'*Eva* eut lieu en 1961). Elles avaient alors le même âge. Elles avaient trente-trois ans.

Joan Didion est née en 1934 à Sacramento, la capitale de l'État de Californie. Jeanne Moreau six ans avant, en 1928, à Paris, d'une mère anglaise, danseuse, et d'un père français, restaurateur. Toutes deux auront aimé le soleil sans s'en protéger, leur travail passionnément, les livres et les beaux vêtements. Chacune a eu un enfant : Jeanne un fils, Jérôme; Joan une fille adoptive, Quintana Roo. La maternité n'aura coulé de source ni pour l'une ni pour l'autre. On disait de Moreau qu'elle n'était pas commode, on le dit encore de Didion. Jeanne, Joan, presque le même prénom – sa traduction. Deux intellectuelles, à la fois mondaines et farouches, que leurs trajectoires respectives ont pareillement conduites à une forme de retrait

---

30 Traduit de l'anglais (États-Unis) par Jean Rosenthal. *Maria avec et sans rien* (*Play It as It Lays*) a été rebaptisé *Mauvais joueurs* lors de sa ressortie en 2018 chez Grasset.

du monde. À la fin de sa vie, il est de notoriété publique que Jeanne Moreau souffrait d'un sentiment d'abandon.

L'actrice connut en réalité différentes éclipses volontaires au cours de sa carrière. Après la sortie de *Viva Maria!* (Louis Malle, 1965), elle s'en était expliquée au cours d'un entretien avec Marguerite Duras pour *Le Nouvel Observateur.* Puisque les deux femmes (qui s'étaient rencontrées en 1958 et resteraient proches jusqu'au milieu des années 1970) se ressemblaient aussi à bien des égards, les questions de l'écrivaine faisaient miroir. Ainsi lorsque Moreau confiait son désir de fuir, de vivre seule, de se cacher, et que Duras réagissait : « Pour fuir la solitude, on incarne un personnage comme les comédiens, ou on en crée comme les romanciers et puis on retrouve la solitude. » La solitude, l'indépendance.

À l'occasion de la sortie du disque *Jeanne chante Jeanne* en 1970, Guy Gilles réalisa un portrait documentaire de Jeanne Moreau pour la télévision. Il était allé la filmer dans sa maison-refuge de La Garde-Freinet, dans le Var, au milieu des oliviers, et tomba amoureux d'elle. L'actrice occupa une place de comète dans sa vie et dans ses films, jusqu'à hanter littéralement son cinéma. Avant d'en arriver là, elle minaudait ce jour d'été dans un large fauteuil en osier, cadrée très serrée, et le réalisateur, de dix ans plus jeune, lui posait des questions sur son rapport à l'enfance, à la séduction, à la mort. « Vous dites que la mort est un scandale », lui lance-t-il hors-champ. Elle se prête au jeu des énigmes en tirant sur sa frange : « Oui... Qu'est-ce que vous voulez, on ne peut pas faire autrement que d'y penser et que d'en parler. La mort est là à partir du moment où l'on vient au monde, on s'achemine directement... » Sa main se rapproche de sa bouche dans la posture du problème à résoudre. La mort ? « Ce n'est pas un but... Ça serait peut-être le comble de l'équilibre que d'arriver à considérer la mort comme un but et de l'accepter avec une grande sérénité. Moi, je considère ça comme une explosion. J'aimerais mieux exploser que de vivre tranquillement.» Puis, d'un coup, elle prend la caméra de court en tournant la tête. Elle est sortie du cadre. Elle a levé les yeux en l'air pour parler des arbres.

# LES BOMBES

« [...] j'ai bandé pour le crime.»
Jean Genet,
***Journal du voleur***

Trente ans après son entretien avec Guy Gilles, Jeanne Moreau livra une vision cohérente de l'existence au *New York Times*. «Le cliché, dit-elle en 2001, c'est de voir la vie comme une montagne : on monte, on atteint le sommet, puis on redescend. Pour moi, la vie c'est de continuer à monter jusqu'à être consumée par les flammes.» L'année suivante, elle fut invitée à participer à l'émission *Inside the Actors Studio*. À l'aise dans l'exercice, elle se montra tour à tour spirituelle, mystérieuse, habitée. Elle fuma, fit rire le public. Quand James Lipton lui demanda ce qu'il y avait d'elle dans la Catherine de *Jules et Jim* (François Truffaut, 1962), elle répondit, bien dans son personnage : «Le fait qu'elle refuse les conventions.» Puis, dans l'excellent anglais hérité de sa mère : «Je me suis rendu compte tout récemment que c'est ce qui relie tous les personnages que j'ai interprétés : ce sont des femmes qui refusent d'être ce qu'elles sont censées être, ce qu'on attend d'elles.» Pourtant, selon son propre aveu, il n'y aurait eu que peu, très peu de Jeanne Moreau – au sens du moi intime, quotidien – dans chacune des figures incarnées. Pour synthétiser son rapport au jeu, elle alla chercher une image : «Très souvent, je me compare à un tuyau, vous voyez, pour arroser le jardin : vous devez garder le tuyau propre pour que l'eau puisse passer.» L'actrice comme tuyau d'émotions, conduit souple permettant la circulation d'un fluide sans cesse renouvelé – et moyen, peut-être, de lutter contre les flammes. Qu'est-ce qu'une actrice? Qu'est-ce qu'une bonne actrice? Dans un entretien avec Léa Salamé, Béatrice Dalle affirmait il y a peu sa conviction d'en être une : « Je sais que je suis une bonne actrice. Et je ne peux pas ne pas être une bonne actrice parce que, regarde : je dis un mot, je pleure. Tout m'émeut, tout me touche. »[31] Le tuyau à haute pression, celui qui serpente à l'allumage. La comparaison convient d'autant mieux à une actrice réputée incendiaire : par son nom même, Dalle appelle un arrosage à large portée, sur toute la surface, quitte à surdoser. Mais lorsque ça tombe juste, c'est une lame de fond. Pour s'en convaincre, rappelons par exemple ce qu'elle fait passer, ce qui la traverse, dans *Domaine* (Patric Chiha, 2009) où elle est Nadia, mathématicienne (mesure) alcoolique (démesure) qui boit, pleure, qui boit puis qui pleure, et qui, trop pleine, finit par déborder dans une séquence finale à serrer le cœur : à mesure qu'elle se remplit de vin blanc, ses larmes coulent.

En septembre 2020, filmée par le site Konbini, Béatrice Dalle se rendit dans un vidéo-club parisien pour évoquer quelques-uns de ses films préférés. Entre Pier Paolo Pasolini et Claire Denis : *Querelle* de Rainer Werner Fassbinder (1982). C'est un film dont elle se sent proche pour une raison personnelle : Béatrice Cabarrou (du nom de son père) est née à Brest, non loin de la rue de Siam, l'artère principale de la ville où Jean Genet avait situé son roman publié en 1947 chez Gallimard, *Querelle de Brest*. C'est ce voisinage géographique qui l'a en premier attirée vers l'adaptation du réalisateur allemand, devenu par la suite voisinage de cœur considérant l'amour partagé pour les mauvais garçons, les bas-fonds, le théâtre, l'iconographie religieuse et l'unique femme à la ronde : « Quand

31 Léa Salamé, *Femmes puissantes*, Les Arènes-France Inter, 2020, p. 142.

je vois Jeanne Moreau, qui est une actrice française, je me dis que quand tu tournes dans un film comme ça, tu peux t'arrêter après. Même quand elle chante, ce n'est pas une chanteuse, et c'est bien plus beau que toutes les chanteuses du monde», dit Dalle devant les rayons de DVD. C'est certes évacuer un peu vite tout un pan de la carrière de Moreau, mais tout le monde aura compris l'idée. (De Moreau dans la vie, croisée lors d'une remise de prix à Cannes, Béatrice Dalle soutient qu'elle était «odieuse» : «J'ai trouvé cette femme épouvantable, vraiment, très méchante.»[32])

L'interprétation de Madame Lysiane par Jeanne Moreau dans *Querelle* – son visage fatigué et son port altier, le dépit et la fierté qui la caractérisent – faisait partie des références de Christophe Honoré pour *17 fois Cécile Cassard* (2002), film dans lequel Béatrice Dalle tenait le rôle central. Comment capter Dalle? semblait se demander le réalisateur jusque dans son titre. Dix-sept tentatives, toutes forcément assez vaines puisque sans mystère pas d'icône. Car Béatrice Dalle fascine, inspire, et notamment une audience dont Jean Genet aurait pu faire partie (il est mort en 1986, l'année où elle sortait de l'anonymat). Une part importante de la filmographie de l'actrice est irriguée par une veine mélancolique alimentée par ses collaborations avec des cinéastes homosexuels qui parlent d'homosexualité : Christophe Honoré, Patric Chiha, Gaël Morel, Yann Gonzalez. Il y a chez elle un rapport à l'exil, à la solitude, à la nuit, qui la projette pour toute une génération d'héritiers de Cyril Collard et Patrice Chéreau dans un registre de «fille à pédé» qui va de l'amante rêvée à la tante idéale. C'est la femme blessée.

---

32 *À voix nue*, «Paradoxe mon amour», France Culture, entretien mené par Philippe Bresson, 29 août 2021.

Le grand public l'envisage plus généralement à l'autre bout du spectre. Depuis l'insubmersible Betty qui « [s]e chauffe le cul» dans *37°2 le matin* (Jean-Jacques Beinex, 1986) où son tempérament pétroleur était mis au jour, elle est décrite dans les médias en femelle alpha et souvent opposée à son pendant masculin, ex-compagne du rappeur Joey Starr ou ex-épouse d'un détenu (Guénaël Meziani, rencontré sur le tournage de *Tête d'or* [Gilles Blanchard, 2007], dont elle a divorcé à la suite de violences conjugales). Par projection, elle est à l'écran femme de caïd (*Truands,* Frédéric Schoendoerffer, 2007), véritable mangeuse d'hommes (*Trouble Every Day,* Claire Denis, 2001) et prédatrice dotée d'un rapport à la maternité guère plus doux (*À l'intérieur,* Alexandre Bustillo et Julien Maury, 2007).

De part et d'autre, et depuis toujours, c'est la morne vie qu'on esquive, son horizon HLM, ses mentalités étriquées, sa somnolence. À cet égard, *J'ai pas sommeil* (Claire Denis, 1994) pourrait tenir lieu de manifeste. Adolescente, Béatrice ne tenait pas en place, prête à tout pour fuir le domicile familial. Un soir, pour s'assurer d'y parvenir, elle eut l'idée de droguer ses parents. Elle le raconta au magazine *Sofilm* en 2019 : «Je leur avais juste versé une poudre dans un de leur truc à boire pour les endormir et que je puisse me lever tôt.» Après cet épisode, la jeune fille fut internée «pour tentative de parricide», s'échappa de l'institution et coupa les ponts avec son père, sa mère et la ville domestique du Mans.

Au cinéma, sa relation à la sorcellerie est tout aussi ancienne : deux ans après le raz-de-marée *37°2,* son troisième film était intitulé *La Sorcière* (*La visione del sabba,* Marco Bellocchio, 1988). Entre le XXe et le XVIIe siècle, elle incarnait Maddalena, accusée de meurtre et convaincue d'être la réincarnation d'une sorcière brûlée vive trois cents ans plus tôt. « Ça fait vieillot », estimait *Le Monde* au sujet de cette *méditation* sur les rapports entre magie noire, psychanalyse et érotisme. Consolation, cependant, « pour les amateurs de sensations fortes » selon la critique : « redécouvrir l'imputrescible Dalle dans le plus simple appareil ». L'article s'achevait en lui imaginant un destin de pitre plutôt que de lionne : « On ne peut s'empêcher de penser, à l'écouter parler, à certains regards, qu'au lieu de la dévêtir sauvagement et de la forcer à pousser des cris féroces les metteurs en scène seraient bien inspirés de lui proposer un rôle dans une comédie. Elle a une gouaille et une insolence bien intéressantes. » Les comédies furent rares, mais la gouaille et l'insolence demeurèrent de solides marqueurs.

Il n'y a pas grand-chose de neuf à écrire sur Béatrice Dalle, et pour cause : l'actrice très souvent « parle de tout », « sans filet », au point qu'on pourrait s'étonner qu'il y ait encore des choses à raconter. Elle est, dès ses débuts et encore aujourd'hui, candidate régulière aux interviews fleuves. Si elle paraît se plier à l'exercice par plaisir de la conversation et s'en amuse, ses sorties médiatiques sont autant d'occasions de pétrir sa propre légende à grand renfort d'exergues savoureux et d'anecdotes ressassées. Probablement en conscience, ce qui est distillé de soi par soi sert chez elle une performance globale au service d'une indépendance à la ville comme à la scène. Une manière d'être au plus près des films, de les honorer, de prolonger les rôles par-delà les génériques. À Léa Salamé : « J'entends souvent des actrices dire qu'elles sont des femmes avant d'être des actrices; moi, je suis une actrice avant d'être une femme. Je n'ai pas de vie privée. »[33] Entendons par là que la vie privée,

**33** *Op. cit.*, p. 140.

ça peut être ce qu'on en montre, ce qu'on en fait – et on peut bien en faire du cinéma.

En général, excepté quelques cas particuliers, on classe les actrices en deux catégories : d'un côté celles qui *jouent,* de l'autre celles qui *sont*. Les premières changent tout le temps de tête et de personnalité. Elles sont formidables parce qu'elles peuvent tout interpréter. On peine à les reconnaître et à retenir leurs noms, tout en louant leur faculté à changer de peau. Les secondes, en revanche, même déguisées, se ressemblent toujours et se retrouvent égales à elles-mêmes. Elles appartiennent à la catégorie des « natures » pour lesquelles le rôle s'adapte à l'interprète et non l'inverse. Pour celles-ci, potentiellement, tout ce que dit le personnage, l'actrice le répète en écho. Il en résulte un jeu entre niveaux de lecture qui, suivant les profils et les projets, peut être ressort comique ou dramatique. Certaines fois, il s'agit d'une légère ambiguïté ; d'autres, d'un engloutissement total (une porte s'ouvre dans un film : qui est là ? Catherine Deneuve). Il y a que ces « natures » sont plus ou moins carnivores et qu'en France Béatrice Dalle se place sans doute au sommet de la pyramide.

Comme beaucoup d'actrices, Dalle porte la mémoire des rôles qui ont jalonné sa carrière (elle est Betty, Mona, Coré, Gina, Gloria…) mais, plus qu'une autre, il lui appartient en surplus – c'est là sa force et sa limite – de porter son propre poids et la panoplie qui va avec. Mieux que de s'en accommoder, elle tire les ficelles et noircit le tableau de ses propres images. Son compte Instagram fait ainsi penser à une chambre d'ado où s'épinglent les idoles : Kurt Cobain, Sid Vicious, John Waters, Nina Hagen… La suivre, c'est voir défiler tatouages, masques en latex, corbeaux et crucifix. C'est un petit cabinet de curiosités où l'administratrice tient permanence en répondant gentiment aux commentaires d'où qu'ils viennent. Reine en son royaume, elle se surnomme « BeaBombe » et s'autoproclame « sorcière » à toutes les sauces (vocation que sa participation à *Lux Æterna* de Gaspar Noé en 2020, moyen métrage autour du tournage d'un film pseudo-gothique, a encore attisée ces derniers mois).

Instagram, ça sonne comme une formule magique et on peut y faire apparaître ce qu'on veut. Pour Béatrice Dalle, c'est sans doute d'abord un album de famille. Non pas celle qu'elle a quittée à quatorze ans pour se rendre à Paris et qu'elle évoque rarement, mais celle, choisie, qui se compose d'amis et de figures tutélaires, construite avec le temps. Vu de l'extérieur, ses membres partagent une fréquentation – réelle ou théorique – de la marge dans ses différentes expressions, un goût pour la radicalité, la désobéissance, un refus de se soumettre, une colère, une façon de se tenir droit. Virginie Despentes (qui l'a fait jouer dans *Bye Bye Blondie* en 2012, adapté de son roman du même nom) en fait partie. L'artiste américaine polymorphe Lydia Lunch en fait partie. Dans une autre mesure, à la façon d'une branche lointaine et plus argentée, l'Italienne Asia Argento en fait partie : en novembre 2019, sous un morphing de leurs deux visages réalisé par un artiste digital, Dalle avait commenté : « Sœur sorcière ».

« Vous vous définiriez comme sorcière ? » La question fut posée à Béatrice Dalle en juillet 2019 dans *Vanity Fair* par Philippe Azoury, alors que l'actrice se préparait à monter sur scène avec Joey Starr pour *Elephant Man* dans la mise en scène de David Bobée. Elle fit la réponse suivante :

« Non, mais je n'ai pas de lobes d'oreilles. Ma copine Asia Argento non plus. Il y a quand même des femmes qui ont été brûlées pour ça, au Moyen Âge. Asia, ils ont voulu la brûler, médiatiquement, cette année. Elle est passée d'icône à paria de la société. C'est pourquoi j'ai posté des choses pour elle : "Nous sommes les petites filles des sorcières que l'on n'a pas brûlées." Asia, ma main est dans la sienne pour le restant de ma vie. Je la lâcherai jamais. »

Qu'est-ce qu'une sœur ? Cela peut être une amie ou celle avec qui on partage ses parents, ou bien le même sort, ou bien les mêmes vœux religieux. En l'occurrence, les quatre pourraient convenir : Béatrice Dalle et Asia Argento se côtoient et s'apprécient, évoluent dans des sphères de cinéma comparables (toutes deux ont tourné pour Abel Ferrara), entretiennent un rapport de fascination-répulsion avec le public et un penchant pour des codes esthétiques approchants. Jeunes, sous certains angles, elles se ressemblaient de façon étonnante. Si c'est moins le cas aujourd'hui, elles ont encore en commun d'imposants tatouages : à partir du même âge (quatorze ans), chacune a commencé à remplir son corps de mots, de dessins, de symboles. Pour Dalle, le premier fut une chauve-souris ; elle compte aujourd'hui plusieurs écrits sur les bras, dont des vers de Jean Genet (« Arrache-toi la chair, tue, escalade, mords ») et Pier Paolo Pasolini (« L'indépendance est ma force, ma solitude est ma faiblesse »). Toujours à *Vanity Fair*, cette catholique pratiquante disait réfléchir à un nouvel ornement : « un motif religieux surplombé d'une couronne d'épines ». Pour Argento, tout partit d'un œil sur l'épaule, vite rejoint par des serpents, une étoile de David, des numéros, des lettres, des prénoms. Plus monumentaux : le collier victorien qui orne le haut de son torse et l'ange sur son bas-ventre, sanctifié image de cinéma depuis l'affiche de *New Rose Hotel* de Ferrara en 1998.

Si les tatouages rapprochent les deux femmes, ils exposent aussi ce qui les différencie : Dalle et Argento viennent de milieux radicalement opposés. La première est issue d'une famille prolétaire et raciste, sans accès à l'épanouissement intellectuel, quand la seconde est la fille de Dario Argento, maître du *giallo* (genre de thriller italien caractérisé par son excès, au carrefour du policier et de l'horreur) : couronne d'épines contre collier victorien. Le cinéma n'était pas une option pour l'une (Dalle a été abordée sur les Champs-Élysées pour le magazine *Photo,* avant que Dominique Besnehard la repère sur la couverture et l'appelle pour passer le casting de *37°2 le matin*), tandis que les plateaux ont tôt été territoire connu pour l'autre. Après un premier téléfilm à neuf ans, Asia apparaît dans les productions fantastiques de son père puis devient, très jeune, la vedette de ses films baroques : *Trauma* (1993), *Le Fantôme de l'Opéra* (*Il fantasma dell'opera*, 1998) et surtout *Le Syndrome de Stendhal* (*La sindrome di Stendhal*, 1996). Dans ce dernier, elle interprète Anna Manni, policière sur les traces d'un serial killer qui, traumatisée par l'affaire, développe à son tour des pulsions meurtrières.

On a beaucoup glosé sur les multiples sévices subis par Asia Argento devant la caméra paternelle, ce que cette orchestration pouvait avoir de déviant, les traces que la collaboration a pu laisser sur la fille et les moyens de s'en sortir. Au-delà de la relation personnelle et changeante entre l'un et l'autre, remarquons, pour cette fois s'en tenir aux films, que *Le Syndrome de Stendhal* ne raconte pas autre chose. Pour commencer, Asia s'y retrouve, dès les premières minutes, sujette au syndrome en question à Florence, comme avant elle l'écrivain français qui en fit état dans le récit de voyage *Rome, Naples et Florence* publié en 1826 (le mal consiste en un vertige lié à une surcharge d'œuvres d'art, à un trop-plein de beauté). Outre que le réalisateur confère un pouvoir certain à ses images, l'actrice souffre d'emblée de son immersion dans l'esthétique paternelle – comme malade du film. Elle perd connaissance, se réveille amnésique et devient la victime du tueur qu'elle traquait. Elle est violée et témoin d'un meurtre. Elle s'échappe. Il l'enlève à nouveau, la viole à nouveau et la séquestre. Elle parvient à se libérer, le frappe et, après une course-poursuite, le perd de vue. Malgré les recherches, son corps n'est pas retrouvé. Elle tente cahin-caha de refaire sa vie, mais les meurtres reprennent jusqu'à ce qu'on découvre (c'est la chute) qu'elle a commis les deux derniers en se prenant pour l'assassin. Moralité : on n'échappe pas à son destin ou comment le serpent se mord la queue.

*Le Syndrome de Stendhal* est à ce jour le dernier film qu'Asia Argento a tourné avec son père (un nouveau projet est toutefois attendu pour 2022, *Occhiali neri,* « lunettes noires »). Dans les années 2000, sous d'autres regards, elle est devenue la figure de proue d'un cinéma d'auteur plus ou moins populaire : outre Ferrara (avec qui elle tourne aussi en 2007 *Go Go Tales*, où elle se dit « sorcière » en s'effeuillant), on la croise chez Gus Van Sant (*Last Days,* 2005), Sofia Coppola (*Marie Antoinette,* 2006), Olivier Assayas (*Boarding Gate,* 2007), Catherine Breillat (*Une vieille maîtresse,* 2007) ou Bertrand Bonello (*De la guerre,* 2008). Auparavant, elle avait gagné un détour par l'action testostéronée dans le blockbuster *xXx* (Rob Cohen, 2002) et une petite notoriété à Hollywood. Elle s'est bâtie seule une carrière et une carrure, mais ce sont ses films en tant que réalisatrice qui ont remis la relation au père au cœur des enjeux, qu'elle fasse explicitement référence à *Suspiria* dans la scène d'overdose de *Scarlett Diva* (2000), raconte une enfance pulvérisée par les adultes dans *Le Livre de Jérémie* (*The Heart Is Deceitful Above All Things*, 2004, adapté du roman de J. T. LeRoy, alias Laura Albert) ou offre une vision plus lumineuse dans *L'Incomprise* (*Incompresa*, 2004) dans lequel la mère (Charlotte Gainsbourg) lance à sa fille (qui s'appelle Aria) : « Tel père telle fille. »

Asia Argento est très évidemment brune. Or, dans le dernier tiers du *Syndrome de Stendhal*, par crainte que le tueur soit encore à ses trousses et pour amorcer un nouveau départ, son personnage porte une perruque blonde (plus tôt, elle s'était coupé la tignasse en signe de rupture). Personne, à part peut-être l'inoffensif étudiant en art qu'elle rencontre, ne peut imaginer qu'il puisse s'agir de ses vrais cheveux : c'est du faux, c'est du cinéma. Toujours est-il que la voilà blonde (et criminelle), aussi blonde que dans *Le Livre de Jérémie* où, dix ans plus tard, malgré les couleurs à répétition, ses racines n'en finiront pas de repousser (c'est, en définitive, le thème du film). Le blond du *Syndrome de Stendhal* était alors moins sale, d'une teinte glamour, hollywoodienne, hitchcockienne. « Blonde » comme Marilyn, selon le titre du roman de Joyce Carol Oates qui, à travers le substantif-adjectif, mettait l'accent sur une *persona* dans laquelle Norma Jeane Baker ne se reconnaissait pas et sur le processus de dissociation que la décoloration engendrait chez elle. Leçon retenue : dans *Go Go Tales*, l'Asia affranchie s'appelle Monroe et, à l'extrême opposé du nuancier, porte sa crinière noir corbeau.

Brune ou blonde, il y aurait deux Asia Argento. C'est littéralement ce que montrait Bertrand Bonello dans le court métrage *Cindy: The Doll Is Mine* (2005), fruit d'une réflexion du réalisateur sur le travail de l'artiste américaine Cindy Sherman. Une photographe et son modèle. L'une est brune, cheveux courts, chemise blanche; l'autre blonde, femme-enfant, poupée en robe d'écolière taille haute (vêtement typique du style «*baby doll*», inspiré par le film du même nom réalisé par Elia Kazan en 1956 où Carroll Baker portait une nuisette, symbole d'innocence). Asia Argento interprète les deux rôles, garçonne et lolita, portraitiste et portraiturée – ses deux visages d'artiste. Le film consiste en une série de champs-contrechamps qui isole chacune des Asia dans un cadre; il dure le temps de la séance et s'achève par les pleurs de la blonde sur un morceau des Blonde Redhead, «The Doll Is Mine» (la poupée est à moi). Mais à qui donc, justement, appartient la poupée? Voyant son modèle pleurer (sur commande), la photographe pleure à son tour. Qui contrôle? Asia derrière l'objectif ou Asia qui réussit à l'émouvoir? Qu'en est-il du spectateur qui s'abandonne et pour qui, *a priori*, tout est fait? Et quid de Bertrand Bonello lui-même? Dans *Les Inrocks*, Patrice Blouin écrivait à propos de ce face-à-face de quinze minutes : «Bonello parvient, pour quelques instants très beaux, à faire coïncider la mise en scène du débordement et le débordement lui-même, l'artifice du cliché et la réalité de la prise de vue.»

En quarante-cinq ans, le dispositif n'a pas trop changé. Cindy Sherman, seule dans son studio de New York, se grime et se prend en photo : adolescente, femme au foyer, homme androgyne, mannequin de mode, Vierge à l'enfant, redneck, pin-up, clown, vampire… Cette constance – faire toujours la même chose, jamais pareil – est pour beaucoup dans l'attrait d'une œuvre qui, plus qu'une succession de portraits costumés, déploie une réflexion sur l'identité, sociale, raciale, politique, religieuse, de genre.

La nôtre bien sûr, mise à mal par les miroirs plus ou moins déformants que constituent ces mises en scène, et celle de la photographe-modèle : les images qui répondent à son nom sur Google sont-elles plus «vraies» que celles des galeries ? Où commence, où s'arrête la performance ? Béatrice Dalle prétend qu'elle ne joue pas, jamais. Asia Argento dit qu'elle en a fini de jouer, «la pute, la vierge ou l'effarouchée», parce que c'est devenu la routine. Sherman joue, sans être actrice, ou en l'étant par le truchement des incarnations. Il se trouve que c'est une amie d'Isabelle Huppert. Les deux femmes se sont connues dans les années 2000 à New York. Huppert évoquait leur rencontre en 2020, dans *Elle,* à l'occasion de la rétrospective Cindy Sherman à la Fondation Louis Vuitton :

> «Elle m'avait invitée chez elle et m'avait ouvert la porte, un perroquet sur son épaule. Tout, dans ce lieu épuré, dégageait une certaine simplicité, comme son visage très fin, mais ce perroquet resté sur son épaule durant notre conversation mettait au parfum de son étrangeté. Ce qui me fascine, chez elle, c'est l'écart entre la puissance et la folie d'œuvres dans lesquelles elle va de plus en plus loin, mais aussi l'extrême naturel de son corps, de son visage. À chaque fois que je la vois, je vacille. Comment peut-elle se transformer ainsi ? Ce n'est pas seulement une histoire de perruque, de maquillage, de prothèse, elle se transforme de l'intérieur – et, évidemment, cela parle à l'actrice que je suis.»

L'actrice qu'elle est. La même qui, dans les derniers instants d'*Abus de faiblesse* de Catherine Breillat (2013) – où la réalisatrice revenait sur l'escroquerie dont elle a été victime, en donnant son rôle à Huppert – fait face à un tribunal de proches. Que lui est-il arrivé pour n'avoir rien vu venir? Comment a-t-elle fait pour dilapider 800 000 euros? Qu'est-ce qui lui est passé par la tête? Une réponse en gros plan, qu'on pourra interpréter comme définition possible de la profession d'actrice : « Je sais pas comment dire. C'était moi, mais c'était pas moi. C'était moi, mais c'était pas moi. Mais c'était pas quelqu'un d'autre, alors il faut croire que c'était moi. Peut-être que je suis comme ça. C'était pas moi. C'était pas moi. » Et enfin un regard caméra, les yeux embués. Abus de faiblesse, aveu de puissance.

# LE FEU AUX POUDRES

*« Now you've listened to my story,*
*Here's the point that I have made:*
*Chicks were born to give you fever,*
*Be it Fahrenheit or Centigrade*
*They give you fever*
*When you kiss them*
*Fever if you live and learn*
*Fever! Till you sizzle*
*What a lovely way to burn*
*What a lovely way to burn*
*What a lovely way to burn*
*What a lovely way to burn »*

Peggy Lee,
**« Fever »**

Si la ville de Florence a le pouvoir de faire chavirer ses touristes, elle a aussi vu naître Rose McGowan – du moins selon sa fiche Wikipédia. Pour être exact, l'Italo-Américaine est venue au monde une cinquantaine de kilomètres plus au sud, à Certaldo, petit village médiéval connu pour être le lieu de naissance de Boccace, l'auteur du *Décaméron* (on peut encore y visiter sa maison). La concernant, c'était en 1973, le 5 septembre. À cette époque, ses parents étaient membres des Enfants de Dieu, une secte fondée en Californie en 1968 par l'ancien pasteur David Brandt Berg qui, sous couvert de libération sexuelle, poussait les jeunes femmes à se prostituer pour hameçonner de nouveaux adeptes et encourageait à la pédophilie. (Le culte devait s'autodissoudre officiellement en 1978 et, plus tard, vingt-deux de ses membres mis en examen pour « excitation à la débauche en favorisant la corruption de mineurs ».) Ce que la campagne toscane offrait alors, et qui explique la présence du couple McGowan en Italie, c'est une propriété léguée par un disciple fortuné où la communauté avait pris ses quartiers. Notre histoire s'ouvre ainsi par un décor d'oliviers et de cyprès duquel émerge une grange typique aux murs de pierre. À l'intérieur, Terri McGowan est en train d'accoucher « des mains d'une sage-femme aveugle », tel que le rapporte Rose dans son livre *Brave* (*Debout* en français)[34]. Voix *off* : « On dirait un film hollywoodien, non? En fait, ma carrière d'actrice a débuté à cette époque. On nous envoyait chanter et jouer des saynètes dans les orphelinats ou les hôpitaux locaux, ou dans la rue. » À cinq ans, la fillette chante Jésus à Rome. À dix, son père Daniel l'envoie vivre sur la côte nord-ouest des États-Unis (dans l'avion, gros plan : elle s'observe « vraiment » pour la première fois dans un miroir), elle y découvre les pick-up surélevés et le fromage orange. À treize ans, direction le centre de désintox après un trip au LSD. Elle s'enfuit, devient SDF, la faim, le froid, avant le retour chez son paternel et sa première figuration pour payer le loyer qu'il lui réclame désormais. À quinze ans, elle demande à être émancipée. Fin du chapitre 4 : « Je n'avais échappé au contrôle de la secte et de mon père que pour foncer dans un autre genre de servitude. » Il y aurait matière à une adaptation sur grand écran, mais il est peu probable que cela arrive.

Rose McGowan a quarante-huit ans. Elle n'a jamais voulu être actrice, n'a pas aimé l'être et se réjouit d'en avoir fini avec l'art dramatique. Pour elle, ce n'est rien d'autre qu'une forme publique d'auto-maltraitance : « Prise après prise, vous éveillez en vous des émotions terribles pour les museler quand la caméra cesse d'enregistrer – sauf à

**34** Rose McGowan, *Debout*, traduit de l'anglais (États-Unis) par Thibaud Eliroff. Harper Collins Poche, 2018. Sauf mention contraire, les citations suivantes sont tirées du livre.

mettre tout le monde mal à l'aise sur le plateau.» La souffrance entraînée par le fait même de jouer, accolée à une obligation de se conforter à une image publicitaire élaborée par les studios, a alimenté chez elle une dissociation qui n'est pas sans rappeler le propos de *Cindy: The Doll Is Mine* : «La vraie Rose dormait pendant que la fausse Rose vivait une existence alternative bizarre en jouant le rôle de quelqu'un qui jouait des rôles», écrit-elle. Pour rendre les expériences supportables et garder le contrôle, McGowan réinvente les films et les personnages dans sa tête : «Avec le temps, j'ai pris conscience que mon film intérieur était souvent bien plus intéressant que ceux dans lesquels je tournais. J'en suis venue à considérer que je me livrais à une performance artistique dans l'univers d'autres gens, comme Cindy Sherman, qui dans ses photos se transforme en d'autres personnes, fait l'expérience d'autres vies.»

La comparaison entre Sherman et McGowan s'entend également pour leurs multiples apparences. Un autre détour par le Wikipédia de la seconde en témoigne : l'encart principal de sa fiche en français la montre en 2008, cheveux longs et auburn, teint de porcelaine, probablement lors d'un photocall. Sur la page anglaise, Rose McGowan apparaît dix ans après avec quelques centimètres sur la tête, peroxydée, sourcils tatoués – difficile de s'imaginer qu'il puisse s'agir de la même personne. À l'écran, c'est pareil : quel lien entre la punkette de *The Doom Generation* (Gregg Araki, 1995) et la copine blonde de Neve Campbell dans *Scream* (Wes Craven, 1996)? Entre la pimbêche au visage poupon de *Jawbreaker* (Darren Stein, 1999) et l'anguleuse guerrière unijambiste de *Planète Terreur* (*Planet Terror*, Robert Rodriguez, 2007)? Entre l'héroïne rousse de la série *Charmed* (dans laquelle elle incarna la sorcière Paige Matthews de 2001 à 2006) et l'alien chauve du clip de «RM486» (extrait de son album *Planet 9*, sorti en 2020)? Il y a quelques mois, celle qui porte désormais les cheveux courts abordait la question sur son compte Instagram, une vieille photo à l'appui : «Même si mes cheveux étaient très jolis, j'avais l'impression d'avoir une plante sur la tête. [...] Parfois, on doit abandonner les diktats de beauté pour se libérer. Je sais que je ne ressemble plus à ce que j'étais, mais qui ne change pas? Lol.»

Pour McGowan, se raser la tête a concrétisé le passage du statut d'actrice à celui d'activiste (deux mots qui partagent la même racine), d'objet à sujet – la couverture de *Brave* la présente de dos, boule à zéro, une tondeuse finissant le travail et quelques touffes de cheveux sur ses épaules nues. Dans son cas, le geste ne répondait pas aux besoins d'un rôle (comme ce fut le cas pour une tripotée d'actrices avant elle, de Demi Moore à Kristen Stewart, en passant par Natalie Portman ou Charlize Theron – c'est un marronnier de magazine et un passage quasi obligé dans une carrière hollywoodienne) mais à la nécessité d'une réappropriation de son propre entendement, et ce par le biais d'un look choisi et relativement radical. Celui-ci signifiait, pour une large part, la fin de la femme-écran, la fermeture de l'éventail des identités possibles, l'interruption de la projection modélisable. C'était mettre un terme aux castings et sonner le glas d'une ère de soumission : «On m'a dit que je devais avoir les cheveux longs, sans quoi les directeurs de casting ne voudraient pas me sauter.» Pour le coup : je ne serai plus un tuyau, vos fluides ne passeront plus par moi.

Rose McGowan venait tout juste d'avoir vingt ans quand une femme l'aborda devant une salle de gym de Los Angeles. Elle lui demanda si elle était actrice. Non. Est-ce que ça l'intéresserait? Pas particulièrement. Il se trouve que cette dame était productrice et une amie de Gregg Araki, cinéaste dont la jeune fille n'avait jamais entendu parler (issu de l'underground américain, le réalisateur avait derrière lui quatre longs métrages, dont le remarqué *The Living End* sorti en 1992). Araki recherchait l'actrice principale de son prochain film. Sans trop y croire, Rose accepte de laisser son numéro. Une semaine après, son téléphone sonne. Elle se renseigne sur le salaire : 10 000 dollars. Assez pour se payer une chambre, un voyage à Paris et ne pas avoir à retourner chez son père, à Seattle, où il pleut cent cinquante jours par an. «Ma décision de devenir actrice ne tient qu'à ça : mon père, Paris et la pluie.» Elle passe l'audition et décroche le rôle d'Amy Blue.

Dans *The Doom Generation*, trois jeunes gens s'engagent dans un *road trip* sur fond de fin du monde. Partout où ils s'arrêtent, peu importe ce qu'ils achètent, tout coûte 6 dollars 66. Avant d'être rattrapés par la menace, ils prennent des bains et font l'amour. Sous ses dehors de rouleau compresseur MTV, c'est un film délicat sur la difficulté à vivre ses désirs. Entre les deux personnages masculins, Rose McGowan est à la fois obstacle et vecteur. Carré de cheveux noir, lèvres rouges, clope au bec, c'est elle qui conduit la voiture. Pied au plancher, elle est choisie peu après pour interpréter Tatum Riley dans le tonitruant *Scream*. Malgré une plaisanterie de son personnage à ce propos, elle ne deviendra pas une récurrente de la franchise. Consolation : sa mort reste l'une des plus célèbres de l'histoire des *slashers* (elle implique une porte de parking, une chatière et un tueur masqué). Toujours dans le genre pop-corn salé, elle zigouille ensuite l'une de ses camarades dans *Jawbreaker* et en profite pour faire mimer une fellation à son amant quarterback sur une sucette (si ce *teenage movie* scelle ultimement son destin façon *Carrie*, c'est une victoire catégorie *mean girl*). Après une bonne planque dans *Charmed* (la cinquième saison lui offre de fredonner «Fever» de Peggy Lee), elle reprend des couleurs dans le projet *Grindhouse* du duo Tarantino-Rodriguez : assassinée dans le premier (*Boulevard de la mort/Death proof*), elle ne fait rien de moins que sauver l'humanité dans le second à l'aide d'une jambe-mitraillette (*Planète Terreur*).

Vu de l'extérieur, c'est un parcours malin, réflexif et ponctué de quelques moments de bravoure. Pour Rose McGowan elle-même, c'est plus compliqué. À l'inverse de la balade sauvage qu'on pourrait y voir, empreinte de sa personnalité, reflet de ses choix, les projets mentionnés illustrent en fait, chacun dans leur genre, les ravages de la machine à broyer qu'elle entend dénoncer. Jugez plutôt : lors du tournage de *The Doom Generation*, alors que la caméra était dirigée vers elle, l'un des deux acteurs avait glissé une bouteille d'eau sous sa jupe pour lui asperger la culotte («Araki s'était contenté de dire : "Allons les enfants"»). Après *Scream*, elle s'était fait refaire les dents, convaincue par un dentiste de Beverly Hills qu'elle n'avait «pas le sourire d'une star». Même s'il ne manquait pas d'ironie, *Jawbreaker* l'enfonça dans le rôle type de la «*bad girl*» qui, à la longue, interroge l'estime de soi («Ça ne me posait pas de problème qu'on dise que j'étais une rebelle, mais quand l'ensemble de la profession vous condamne au rôle de la méchante, ça finit par vous rentrer dans le crâne»). *Charmed* : «C'était une prison pour l'esprit.» Et quant à *Grindhouse*, et plus particulièrement *Planète Terreur* – qu'on pourrait tenir en apothéose –, il convient de s'y arrêter et de tout reprendre au début.

Rose McGowan avait trente-et-un ans quand elle a rencontré Robert Rodriguez, mais elle lui a dit en avoir vingt-huit («Hollywood m'avait parfaitement conditionnée à ce stade»). C'était en 2005, lors d'une fête au Festival de Cannes. L'actrice portait une robe rouge Dolce & Gabbana, le réalisateur un costume noir avec un chapeau de cow-boy assorti. Seuls tous les deux, ils commencèrent à discuter. Leur relation dura cinq ans et demi. Elle n'en garde pas un bon souvenir, ni humainement ni professionnellement. Ce premier soir, elle engage la conversation avec une plaisanterie sur le fait qu'ils sont trop bien habillés pour rester dans leur coin. Elle lui parle de son goût pour les films noirs, lui avoue qu'elle aurait adoré jouer dans *Sin City* (film de l'homme au chapeau, projeté la veille). Il lui dit qu'elle aurait dû participer au casting, qu'elle aurait été géniale. Elle répond que c'était impossible, le film étant produit par Miramax, une filiale de la Weinstein Company. Il lui demande ce qu'elle veut dire par là. Elle évoque ce qu'il s'est passé sept ans plus tôt, à Sundance. Ce qui a abouti à la signature d'un accord de confidentialité de 100 000 dollars et à sa mise au ban d'Hollywood par Harvey Weinstein.

**Comment Robert le raconte.**

En septembre 2017, le réalisateur publia une tribune dans le magazine *Variety* pour revenir sur le casting de *Planète Terreur* à la lumière des révélations concernant le magnat du cinéma. Tout à fait au courant de la situation dans laquelle se trouvait l'actrice, son choix était un «*fuck you*» volontaire au producteur, auquel il avait sciemment imposé McGowan. Le soir de leur rencontre, après avoir écouté sa confession, il se souvient très bien des premiers mots qu'il a prononcés : «Mon Dieu, pourquoi est-ce que tu n'en as parlé à personne? On t'aurait défendue! Et où était ton petit ami à l'époque? Moi, je serais au moins allé casser la gueule d'Harvey.» Rose n'avait pas su quoi faire : une avocate lui avait soutenu que, parce qu'elle était apparue nue dans certains films, elle n'aurait pas été crédible face à un jury. Ça aurait été sa parole contre la sienne. Rodriguez a soudain une idée : il est justement en train de travailler sur un projet avec Tarantino, une sorte d'hommage aux séries B des années 1970 et, si ça l'intéresse, il peut lui écrire un personnage bien *badass*, «et le plus fort, c'est qu'on va faire raquer la nouvelle maison de production d'Harvey». À peine vient-il d'exposer son plan à Rose qu'il aperçoit Weinstein à la soirée. «Salut Harvey, lance-t-il. Tu connais Rose McGowan? Je la trouve formidable et très talentueuse. Je veux qu'elle soit dans mon prochain film.» En entendant Weinstein se lancer dans une tirade vantant les mérites de l'actrice («Oh, elle est merveilleuse, incroyable, fantastique, tellement douée...»), Rodriguez a la certitude que celle-ci a dit vrai. Le producteur parti, Robert se tourne vers Rose et réitère sa proposition : elle aura le premier rôle. Seule consigne : pour respecter l'accord de confidentialité, le pied de nez devra rester un secret entre eux deux. Robert Rodriguez, toujours dans *Variety* :

> «Même douze ans après, je n'oublierai jamais être assis en face de Rose à cette fête et avoir été immédiatement inspiré pour créer un personnage féminin de dure à cuire qui perd sa jambe et se transforme en super-héroïne qui combat l'injustice et l'adversité, renverse les violeurs et survit à une apocalypse pour guider les âmes en peine vers un horizon d'espoir, tout ça avec une patine rétro de série B.»

Malheureusement, le film a fait un flop, sacrifié par Weinstein qui, dans un sursaut d'orgueil, enterra la promotion du doublé *Grindhouse* à sa sortie. Rodriguez en eut « le cœur brisé ».

**Comment Rose le raconte.**

Ce soir-là, à Cannes, Rose McGowan a bien confié les détails de son agression à Robert Rodriguez (ou peut-être était-ce « le deuxième soir où nous nous sommes vus »), mais le réalisateur avait surtout parlé de lui, de son mariage qui battait de l'aile et de son succès. Ce n'est que « quelques mois après le début de [leur] relation » qu'il lui avait annoncé écrire le rôle principal de son prochain film pour elle. Il y a bien eu un soir où, après s'être retrouvée assise à côté d'Harvey Weinstein à un gala de charité, Rose, sous le choc, avait rejoint Robert : « Il a bien sûr eu la réaction macho typique : "Je vais lui casser la gueule." Ce qu'il n'a évidemment jamais fait. Voyez-vous, RR était un faux dur. » Sur le papier, *Planète Terreur* (« ce qui, rétrospectivement, ferait un excellent titre pour une grande partie de ma vie avec lui ») allait permettre à l'actrice de regagner une stature de *leading actress,* ce que le réalisateur démiurge lui faisait bien comprendre : « RR m'a dit qu'il allait devenir mon sauveur dans l'industrie du cinéma, et je l'ai cru. C'était mon chevalier au chapeau de cow-boy étincelant. Il m'a bourré le crâne avec ça. » Outre que le tournage fut éreintant, le scénario utilisait des épisodes de la vie de l'actrice à des fins de divertissement, dont une scène dans laquelle Quentin Tarantino tente de violer son personnage (Tarantino est crédité en tant que « *rapist #1* » sur IMDb). Il ne manquait plus que le coup de grâce : « RR a vendu son film à mon Monstre. Vous ne rêvez pas, c'est bien son studio qui allait distribuer le film. Je n'ai pas les mots pour vous dire ce que ça a été d'être livrée à l'homme qui m'avait agressée sexuellement et terrorisée à vie.» En tant que premier rôle, elle dut assister à des événements presse en compagnie de Weinstein, se faire prendre en photo avec lui, «sa grosse patte adipeuse m'attirant contre son corps». À l'arrivée, le film a fait un flop. «Je pense que sa promotion déplorable en est largement responsable.» Tant mieux : «J'étais satisfaite que ces hommes ne se fassent pas un sou sur mon dos.»

Rose McGowan avait vingt-trois ans quand elle s'est rendue au rendez-vous que lui avait donné Harvey Weinstein lors du Festival de Sundance. Après la projection de *Going All the Way* (Mark Pellington, 1997), le producteur avait demandé à rencontrer la débutante à son hôtel, un matin. Il l'avait fait monter dans sa suite, selon un mode opératoire que décriraient nombre de ses victimes. Elle avait été reçue dans un grand salon. Le producteur l'avait interrogée sur le genre de projets qui l'intéressait et, l'air de rien, avait évoqué le jacuzzi dans sa suite. Elle avait pensé qu'il roulait des mécaniques. Après l'entrevue, lorsqu'il l'avait raccompagnée dans le couloir, il s'était arrêté pour lui montrer le jacuzzi en question et l'avait poussée à l'intérieur de la petite pièce. L'agression est rapportée en détail par Rose McGowan dans son livre. Immédiatement après, elle avait retrouvé l'acteur avec lequel elle partageait l'affiche de *Phantoms* (Joe Chappelle, 1998) pour une séance photo. «Je tremble, mes yeux sont remplis de larmes; quand je confie à mon partenaire d'où je sors, il me dit : "Bordel de merde. Je lui ai dit d'arrêter ça."» Elle ne mentionne pas son nom dans le texte, mais on le connaît : il s'agit de Ben Affleck.

Pour se défendre contre les accusations de Rose McGowan, Harvey Weinstein utilisa un email que lui avait adressé Affleck, diffusé par le site Deadline : « [Rose] ne m'a jamais dit, et je n'ai jamais déduit, qu'elle avait été attaquée par qui que ce soit. Tout récit laissant entendre le contraire est faux. Je n'ai connaissance de rien que Rose a fait ou déclare avoir fait. » Le message de l'acteur était daté du 26 juillet 2017. Il a été rédigé trois mois avant les révélations du *New York Times* et du *New Yorker* qui ont conduit au mouvement #MeToo. Le 24 février 2020, Harvey Weinstein a été jugé coupable de viol et d'agression sexuelle par un jury de Manhattan; il a aussi été disculpé des accusations de comportement « prédateur » qui auraient pu lui valoir la prison à perpétuité.

« Si j'avais vécu à Salem, j'aurais fini au bûcher », écrivait Rose McGowan en 2013 dans une publication sur son compte Facebook. Elle n'avait pas encore le même statut, peut-être pas la même liberté de parole, mais avait déjà connu la vindicte. En 1998, elle s'était rendue aux MTV Video Music Awards au bras de son compagnon de l'époque, le chanteur Marilyn Manson. Personne n'avait fait attention à lui, car le monde entier avait eu les yeux rivés sur elle. Ce jour-là, Rose McGowan portait ce qu'elle appela une « robe nue », totalement transparente devant et maintenue par de fines rangées de perles derrière. Elle avait un string en dessous. On voyait ses seins, on voyait ses fesses. « La robe a déclenché l'apocalypse, ce qui était un peu mon intention. Mais je n'avais pas anticipé le *slut-shaming*. Je n'avais pas imaginé à quel point ce serait pris au sérieux. » Récemment, elle est revenue sur cet épisode pour le site Yahoo Entertainment, en apportant une précision :

> « C'était ma première grande apparition publique après avoir été agressée sexuellement. Je me suis dit : "Salut Hollywood, tu veux un corps que tu vas pouvoir utiliser et jeter dans la foulée ? Eh bien, en voilà un pour toi !" C'était comme à la fin de *Gladiator* quand il balance : "Est-ce que vous n'êtes pas encore assez divertis ?" Et puis, si vous me regardez bien, je l'ai fait avec *panache*. Je ne l'ai pas fait avec la main sur la hanche pour avoir l'air sexy. La plupart des femmes sont habillées comme ça sur le tapis rouge ; c'est une volonté délibérée d'être sexy, pour exciter les gens. Moi, c'était plutôt : "Je vais vous retourner la tête, je vais vous exploser le cerveau." »

**À bien y regarder, il y avait autre chose : toute transparente qu'elle était, la robe tenait aussi de la cotte de mailles. Dans une version fluide, légère, scintillante, parfaitement inutile.**

# LA GLACE SOUS LE FEU

> « Dans la vie, on n'a que sa peau […]. Il y a maldonne dans les rapports humains parce qu'on n'est jamais ce que l'on a […]. J'ai une peau d'ange et je suis un chacal […], une peau de femme mais je suis un homme; je n'ai jamais la peau de ce que je suis. »
>
> Eugénie Lemoine-Luccioni,
> ***La Robe***

Ce que c'est que de porter une robe, ce que c'est que de la fabriquer. En 2013, dans le cadre du Festival d'Automne, Olivier Saillard, alors directeur du palais Galliera, le musée de la mode de la ville de Paris, avait présenté au public *Eternity Dress* avec Tilda Swinton. Cette performance de quarante-cinq minutes, donnée dans l'amphithéâtre de l'école des Beaux-Arts, consistait en la création d'une robe directement sur le corps de l'actrice. Tout commençait par la prise des mesures par le tailleur (Saillard) énoncées à voix haute par le mannequin-automate (Swinton) : tour de cou, largeur d'épaules, tour de hanches, tour de petites hanches, longueur milieu, tour de bras, largeur coude plié… D'abord lent, minutieux, le rythme soudain s'accélérait lorsque des couturières débarquaient sur scène avec des rouleaux de tissu, jaune chatoyant, rouge éclatant. Tilda Swinton saisissait les étoffes, les tirait, s'enroulait dedans et prenait la pose; la tenait un instant, puis relâchait. Le temps d'un flash de couleur, c'était à chaque fois une nouvelle figure, une nouvelle histoire – sans qu'on ait le loisir de se la raconter, juste de la deviner. Mais remballez : la robe définitive était noire, la plus simple possible, limite austère. Manches longues et sous le genou, en contraste avec la peau blanche de la Britannique et la platine de ses cheveux ras sur les côtés. Et pour le col, lequel choisir? « Col camionneur. Col cassé. Col châle. Col cheminée. Col chemise ou chemisier. Col Claudine, Col cranté. Col cravate. Col danseuse…» L'habit terminé, Swinton offrait encore quelques arrêts sur image à l'audience, évoquant tantôt l'élégance attendue des défilés, tantôt une attitude plus conquérante, muscles bandés, proche du culturisme. Elle ne jouait pas un rôle : elle était elle-même et, progressivement, devenait elle-même avec une robe, ce qui changeait la donne. Elle se drapait et, par ce biais, se révélait inchangée et toute nouvelle, dans la multitude de ses identités. À l'époque d'*Eternity Dress*, *Les Inrocks* avait interrogé Olivier Saillard sur sa collaboration avec l'actrice. Que projette-t-elle à vos yeux? Selon lui : «Elle est le socle de Galliera. Elle en a même la couleur beige. Elle est fille et garçon. Elle peut avoir dix-huit ans ou soixante-dix ans. Elle intrigue. Elle a un côté Bowie, pansexuel. On lui met un vêtement XIXe siècle et elle fait presque jeune homme, une robe XVIIIe siècle et elle fait anglaise… Elle a une présence-absence qui permet de laisser voir le vêtement.»

Deux choses qu'on ne cherche pas à faire : rhabiller Rose McGowan (à chacune sa robe, on aime les deux) et illustrer par l'exemple que le genre – féminin, masculin – ne serait qu'une performance théâtrale. Il ne suffit pas d'un vêtement, jupe ou cravate, pour passer d'une rive à l'autre (ça se saurait) et subvertir la puissance des normes. Le terrain sur lequel on se situe est davantage celui du flou, de l'incertain, de l'entre-deux : confectionner une robe, symbole de féminité, sur l'androgyne Tilda Swinton ne devait rien au hasard. Pas plus que de faire d'elle et de son allure futuriste le porte-voix d'un savoir-faire ancestral. Quant à l'écrin : jusqu'en 1897, les femmes n'étaient admises aux Beaux-Arts que comme modèles, or au début de la performance on pouvait croire Swinton limitée à cette fonction poseuse, avant de la voir s'animer, parler, bouger – prendre vie. Sur les gradins étagés, le public était ainsi pris à témoin d'une libération, de l'inverse d'un corsetage. Ni mise à nu ni mise à mort dans cette arène, mais mise au monde, mise en scène. La mode, nous prouvait l'actrice, c'est du jeu : le vêtement est «*persona*, masque et personne à la fois»[35].

Ouvrons *Orlando* de Virginia Woolf : «En tout être humain, écrit la romancière, survient une vacillation d'un sexe à l'autre et, souvent, seuls les vêtements maintiennent l'apparence masculine ou féminine, tandis qu'en profondeur le sexe contredit totalement ce qui se laisse voir en surface.»[36] En surface, Woolf publia *Orlando* en 1928 à la Hogarth Press, la maison d'édition qu'elle dirigeait avec son mari Leonard; c'est un texte qu'elle rédigea vite, en un hiver, et qu'elle envisageait presque comme une distraction (dans son journal, elle parle d'une «récréation d'écrivain»). Un peu plus en profondeur, *Orlando* était aussi un cadeau à Vita Sackville-West, écrivaine comme elle, rencontrée cinq ans plus tôt à un dîner et dont elle était tombée amoureuse. Woolf, souvent mal à l'aise, soucieuse du regard des autres, était fascinée par la personnalité exubérante, solaire, de Sackville-West et, un jour qu'elle peinait à trouver l'inspiration, imagina ce personnage de lord anglais en pensant à elle. Dans le livre, Orlando traverse quatre siècles, poursuit une carrière de poète et de diplomate et, surtout, change de sexe en cours de route (Vita avait pour habitude de se travestir et de se faire appeler Julian). Notez bien que la

**35** Frédéric Monneyron, *Bisexualité et littérature. Autour de D.H. Lawrence et Virginia Woolf*, L'Harmattan, 1998, p. 145.
**36** Traduit de l'anglais par Catherine Pappo-Musard. Le Livre de poche, 1993, p. 185.

différence ne fait pas grande différence, du moins pour elle/lui (la métamorphose entraîne, en revanche, des conséquences juridiques et sociales qui font d'*Orlando* bien plus qu'une facétie).

*Orlando* prend la forme d'une parodie de biographie et c'est un livre assez curieux. Peut-être parce que ses coutures apparentes se prêtent davantage aux poulies du théâtre, il n'a été adapté qu'une seule fois au cinéma. C'était l'œuvre de Sally Potter, en 1992. Pas grand suspense : le premier rôle était tenu par une Tilda Swinton d'une trentaine d'années. Marquée d'emblée par les jeux autour du genre, sa carrière avait commencé à la Royal Shakespeare Company (le théâtre de Shakespeare ne manque pas de travestissement) avant d'investir l'univers queer et expérimental de Derek Jarman dans *Caravaggio* (1986), *The Last of England* (1987), *The Garden* (1990), *Edward II* (1991) et *Wittgenstein* (1993). Non seulement l'adaptation du roman de Woolf, en tant qu'ode à la réversibilité, s'inscrivait pour elle dans la lignée d'un voyage, mais il tenait de l'engagement personnel : Swinton a épaulé Potter avec ce projet plusieurs années avant le début du tournage (il aura fallu sept ans au long métrage pour être financé). *Orlando* est ainsi le reflet d'un échange et, en accord avec son modèle littéraire, le fruit de l'inspiration exercée par l'actrice sur la réalisatrice : c'est après la séance photo organisée pour l'essayage des costumes que Sally Potter, voyant Tilda Swinton fixer droit l'objectif, eut l'idée d'intégrer des regards caméra à la narration. Ils assurent une complicité entre le sujet et le spectateur, voire un judicieux effet miroir. Une manière de dire, dans l'œillade : Orlando, c'est vous, c'est moi.

L'actrice Tilda Swinton possède des points communs avec Orlando qui surpassent le simple goût des froufrous. Aristocrate par son père, elle est issue d'une lignée écossaise qui remonte au IXe siècle (ou Xe, selon les sources). Enfant, elle écrivait de la poésie et continua à manier les vers pendant ses études à Cambridge (en plus des sciences politiques). Dans son milieu, faire du cinéma paraissait fantaisiste, ses proches s'en amusaient. On n'attendait rien d'elle, sinon qu'elle se marie. Elle devint actrice beaucoup par amitié, parce que des personnes qu'elle estimait lui proposèrent de l'être – ça été le cas pour Derek Jarman (jusqu'à sa mort du sida en 1994) et, bien après, pour Luca Guadagnino avec qui elle a tourné *Amore* (2009), *A Bigger Splash* (2015) et enfin *Suspiria,* en 2018, où elle est une sorcière-chorégraphe. En 2010, à *Libération,* pas loin du snobisme : «Quand de nouveaux amis me demandent de jouer dans leur film, j'ai besoin de savoir qu'on va pouvoir continuer nos conversations, cette agréable compagnie. Car la seule relation que l'on crée est avec le réalisateur, pas avec le scénario.» La majorité des projets n'en avait pas (de scénario), il s'agissait de tisser à quatre mains (autour d'un livre ou d'une idée trouvée ensemble). Le mot «actrice» lui paraît étriqué, mal coupé. En 2014, à *Marie Claire* : «Quand je voyage, sur les formulaires d'entrée dans un pays, je ne me déclare jamais "actrice". Je n'ai jamais voulu le devenir; c'est comme une erreur, un écart. J'étais poète et je voulais être écrivaine. Je suis ravie que les choses aient suivi ce cours. Mais chaque fois que je fais un film, j'aimerais que ce soit le dernier.»

On n'a jamais ce qu'on veut. Pour le public, il n'y a pas plus actrice que Tilda Swinton. Son rapport à la profession est associé, là encore, à une performance – certes artistique, mais aussi physique, sportive. On observe et on admire ses talents de caméléon, cette faculté d'être ce qu'elle souhaite, quand elle le souhaite. Devant l'écran, l'enjeu réside dans la perspicacité dont on fera (ou non) preuve pour la retrouver, la reconnaître, derrière le maquillage, les perruques, les prothèses, sans se laisser flouer – tout en s'offrant la possibilité de l'être, puisque c'est aussi ça, le jeu.

« Les transformations les plus folles de Tilda Swinton : le classement », « Neuf transformations choquantes de Tilda Swinton », « C'est toi, Tilda ? Douze transformations incroyables de Swinton à l'écran »... On ne compte plus les diaporamas qui témoignent en vrac des mille et un visages de l'actrice : binoclarde thatchérienne au genre indéterminé dans *Snowpiercer, le Transperceneige* (Bong Joon-ho, 2013), octogénaire cataractée dans *The Grand Budapest Hotel* (Wes Anderson, 2013), chauve dans *Docteur Strange* (Scott Derrickson, 2016), blonde platine dans *The Limits of Control* (Jim Jarmusch, 2009)... À ce jour, le clou du spectacle se cache dans *Suspiria* : en plus du personnage de Madame Blanc (raie au milieu, fumeuse, très Pina Bausch), Tilda Swinton incarnait dans le film un psychiatre de quatre-vingt-deux ans, le psychiatre Jozef Klemperer, rôle tenu par un certain « Lutz Ebersdorf » dans le générique (qui avait même le droit à une biographie dans le dossier de presse du film : « Né le 15 février 1936 à Munich, Lutz Ebersdorf n'a que deux ans lorsque sa famille fuit l'Allemagne nazie, tout d'abord pour Genève, puis pour Londres »). Si Guadagnino et Swinton se sont d'abord appliqués à entretenir l'imposture auprès des journalistes soupçonneux, l'actrice a elle-même orchestré le lever de rideau en octobre 2018. Dans un email cité par le *New York Times,* elle écrivit : « Quand on me pose la question : “Est-ce que vous jouez le Dr Klemperer dans *Suspiria* ?”, ma réponse est toujours la même, que le Dr Klemperer est joué par Lutz Ebersdorf. » Tel qu'elle l'expliquait au journal, elle attendait en fait une question plus spécifique à laquelle, curieusement, personne n'a pensé. Cette question, c'était : « Est-ce que vous jouez Lutz Ebersdorf ? » Et à celle-là, bien sûr, elle aurait répondu, « un oui sans équivoque ». Simple : elle jouait un acteur qui jouait un psychiatre.

Sur le tournage de *Suspiria*, il fallait à Tilda Swinton quatre heures pour devenir un vieux monsieur. Le maquilleur en charge de la transformation, Mark Coulier (déjà aux manettes du vieillissement de l'actrice pour *The Grand Budapest Hotel*), précisa qu'elle avait, en prime, réclamé une prothèse de pénis avec des testicules. « Elle avait ce chouette truc entre les jambes, un peu lourd, pour qu'elle puisse le sentir se balancer. Et elle a trouvé l'occasion de le sortir sur le plateau à quelques reprises. » Pour parfaire l'ensemble, Swinton rédigea elle-même une notice biographique sur IMDb avec photo et moustache inédite. « Nous avions imaginé que l'identité de celui qui jouait Klemperer resterait un mystère », a regretté Swinton, en précisant que l'intention n'était pas « de tromper qui que ce soit ». « Je l'ai fait avant tout pour m'amuser. [...] Comme le disait ma grand-mère, et c'est une philosophie de vie : "ça serait bête de passer à côté". »

Il s'agirait donc de jeu, au sens du divertissement. Facilité, légèreté et, oui, désinvolture face à ce que d'aucuns tiennent pour chose sérieuse, grave, immuable. Un rire salvateur, résistant. En 2014, au site Collider, lors de la sortie de *Snowpiercer* : « Pour moi, tout est affaire de déguisement. C'est ce qu'il y a de plus drôle, ce qui ne veut pas dire que ce n'est pas intéressant de jouer avec une dentition plus régulière des choses plus délicates, comme dans *Amore* ou même *Orlando*, où j'utilise un visage qui ressemble davantage au mien. » Pour Tilda Swinton, la norme, c'est donc Orlando – et elle paraît en effet bien plus déguisée dans *Crazy Amy* (*Trainwreck*,

Judd Apatow, 2015) en boss méchée et bronzée d'Amy Schumer, bien plus clownesque (sources d'inspiration avouées pour ce personnage : l'ex-Spice Girl Victoria Beckham et l'ex-rédactrice en chef du *Vogue* français Carine Roitfeld).

« Sherman sait que toute femme est d'abord *déguisée en femme* », écrit Marie Darrieussecq dans le catalogue de la rétrospective Cindy Sherman à la Fondation Louis Vuitton, et cela, Orlando le sait mieux que personne. Si le héros/héroïne de Woolf, après avoir changé magiquement de sexe, finit par trouver des satisfactions dans la toilette féminine, il lui faut un temps d'adaptation. Dans le livre, la transition s'effectue après qu'il/elle a quitté ses fonctions d'ambassadeur de la Couronne britannique à Constantinople, sur le bateau qui le/la ramène en Angleterre. Dans le film de Sally Potter, pas d'image de la traversée : Orlando se retrouve projeté/e dans son nouveau costume de lady sans galop d'essai. L'encombrante meringue qui remplit l'écran est un véhicule burlesque, la poudre un masque social. Auparavant, le personnage aura tout de même eu un moment à soi, pour soi : celui de la révélation. Un matin, Orlando se lève et se regarde dans le miroir. Nous y sommes : poitrine, pubis. La naissance de Vénus ou quelque chose d'approchant. Il/elle se tourne alors vers la caméra : « *Same person. No difference at all. Just a different sex.* »[37]. Comprendre : rien ne changera, si ce n'est le vestiaire. Il n'empêche (pour le film, la transition est à cet endroit), il y aura eu ce corps, que le spectateur tient pour le corps « réel » de l'actrice, dans sa nudité.

---

37 « La même personne. Aucune différence. Juste un autre sexe. »

Filmer le corps. Le corps habillé, le corps nu. Tilda Swinton prêtait son corps à Orlando, le prêtait donc à Sally Potter et, du coup, un peu à Virginia Woolf. Or, le corps et Woolf, ce n'est pas rien. Une frange (masculine) de la critique a longtemps reproché à l'écrivaine anglaise de ne pas en avoir ou, pour le dire autrement, de ne pas mettre assez de sexe dans ses romans (ce qui est faux, il y en a, il suffit de savoir chercher). Dans un imaginaire collectif et tenace, Woolf n'est pas seulement cette pauvre folle qui, un jour de mars 1941, a mis des cailloux dans ses poches pour aller couler dans une rivière, c'est une femme «frigide», glacée à l'intérieur (sa biographe Viviane Forrester en parle très bien). Sachant cela, filmer Tilda Swinton dans le plus simple appareil, c'était en quelque sorte lui redonner un corps, rappeler qu'elle en avait un. Dans une séquence plus tardive, Orlando rencontre l'amour auprès d'un aventurier nommé Shelmerdine (Billy Zane). Cette partie du film, nommée «*Sex*» (à entendre aussi comme sexualité), montre l'union du couple et, à nouveau, le corps nu. De très près, l'arrondi de la hanche, la blancheur de la peau, les grains de beauté, jusqu'à l'œil unique qui nous observe à la verticale.

À l'instar de Virginia Woolf, Tilda Swinton a une image réfrigérante. On parle de sa «beauté froide»; on la prétend «glaciale». Après quelques apparitions forgeant l'opinion, Hollywood la cristallise en «Sorcière blanche» dans la superproduction calibrée pour le jeune public *Le Monde de Narnia* (*The Chronicles of Narnia*, Andrew Adamson, 2005), adaptation de l'œuvre de C. S. Lewis. Il suffit ici à quatre enfants d'entrer dans une armoire pour passer de la réalité à l'imaginaire. Passés les manteaux de fourrure, on découvre une contrée en hiver permanent, sous le joug d'une reine autoproclamée « impératrice des îles désertiques ». Celle-ci porte les dreadlocks comme Méduse les serpents, change ses ennemis en statues, devient puissance de feu, puis femme-lion à double épée. Son caractère sibérien domine toutefois : pour *Libération*, Swinton était là « un parfait iceberg ». Deux ans après, nouvelle consécration : elle remportait l'oscar du meilleur second rôle pour *Michael Clayton* (Tony Gilroy) en « froide avocate » (*L'Express*). Par la suite, elle aura notamment été un vampire indolent entre Tanger et Detroit dans *Only Lovers Left Alive* (Jim Jarmusch, 2013) et la PDG « au cœur sec » (*Le Monde*) d'une multinationale dans *Okja* (Bong Joon-ho, 2017). L'adjectif « *frigid* » a été employé dans la presse pour la décrire dans ce dernier film (en anglais, le mot renvoie moins immédiatement à l'absence de plaisir sexuel féminin qu'en français, même s'il le sous-entend). Cela avait été déjà été le cas pour *Snowpiercer* et le personnage de Mason, « *the frigid – pardon the pun – H.B.I.C. on this locomotive* »[38] (MTV News).

« Que signifie d'ailleurs "frigide" ? » demandait Viviane Forrester dans son prologue à l'édition française de *Trois Guinées*, l'avant-dernier livre de Virginia Woolf. Ne serait-ce pas « d'imposer un schéma sexuel issu de l'impérialisme masculin et qui le consacre, où les femmes sont des projections masculines »[39] ? Lire l'œuvre, l'entendre, est en fait la meilleure des réponses. « Tout y est, on l'a vu, organique ; l'eau de la pluie, de la mer, la sueur, les larmes, le vent, le souffle, la parole, les langages, [...] et

---

**38** « La garce frigide – pardonnez le jeu de mots – à la tête de cette locomotive. »

**39** Viviane Forrester, « L'autre corps », in Virginia Woolf, *Trois Guinées*, Des femmes, 1977, p. 24-25.

la caresse du temps, du climat, de l'attente [...]. N'est-ce pas là le contraire même de ce qu'on pourrait entendre par "frigidité" ? »[40]

D'un pôle à l'autre, on a beaucoup glosé sur la sexualité de Tilda Swinton. Il se trouve qu'elle a eu des jumeaux avec un homme plus âgé qu'elle, le dramaturge et peintre John Byrne, avant d'en rencontrer un plus jeune qu'elle, Sandro Kopp, peintre également. Les deux hommes, les deux enfants et elle-même ont vécu un temps sous le même toit, ce qui a valu aux tabloïds anglais d'y voir un « ménage à trois » – c'était en vérité l'histoire plus banale d'une famille recomposée. En 2010, à *Elle* : « J'ai bien des aspects étranges dans ma vie, mais pas celui-ci ! Alors j'assiste à la légende que les journalistes construisent. » L'entretien avait lieu à l'occasion de la sortie d'*Amore*. Elle y interprétait une riche Milanaise qui, à quarante-cinq ans, découvre la sensualité et la sexualité dans les bras d'un ami de son fils, cuisinier de son état. L'éveil commence par la dégustation d'une écrevisse bien assaisonnée pour aboutir à une copieuse débauche des sens. Face à l'amant, la dame abandonne chaussures, ceinture, pantalon, bague, perles, chemisier, soutien-gorge, culotte. Elle est nue; il se déshabille à son tour. On les retrouve dans un lit puis, après un saut en cuisine, dehors, à même le sol, dans l'herbe. Bourgeons, fleurs, tétons, salive, sueur, poils, vent, montagne : en voilà un orgasme woolfien. Il faut moins de deux heures à l'Emma d'*Amore* pour échanger une robe noire contre un survêtement et fuir son bovarysme galopant en laissant la porte ouverte.

---

**40** *Ibid.*, p. 24.

*Eternity Dress* n'était ni la première ni la dernière performance de Tilda Swinton. L'année d'avant, elle avait collaboré avec le même Olivier Saillard pour *The Impossible Wardrobe* : il s'agissait de faire défiler une cinquantaine de pièces issues des réserves du palais Galliera sans en revêtir aucune (les règles du musée l'interdisent). Par la précaution de ses gestes, ses silences, sa blouse beige et ses gants blancs, elle était l'image même de la conservation, femme-musée. Plus tôt encore, en 1995, l'actrice s'était faite œuvre elle-même, exposée endormie dans un cube de verre pendant une semaine à la Serpentine Gallery de Londres. Co-créée avec l'artiste Cornelia Parker, la performance en question fut poursuivie par Tilda Swinton en son seul nom près de vingt ans après : à la surprise générale, l'actrice reprit sa sieste en jean et chemise au MoMA de New York en 2013. Dans un communiqué, la direction du musée précisa qu'il « n'y aurait pas de programme publié pour cette apparition, pas de déclaration de l'artiste ni du musée en dehors de cette brève mise en contexte, pas d'image dévoilée ». On pouvait y voir un hommage aux amis disparus ou une méditation sur la vie publique; une référence aux grands sommeils d'Orlando ou, pourquoi pas, à Blanche-Neige dans son cercueil transparent. Après tout, la performance s'appelle *The Maybe*, « le peut-être ». Ce qu'il y a de merveilleux avec Tilda Swinton, c'est qu'elle paraît ne pas avoir de certitudes – ou qu'elle les garde pour elle.

# I WANT TO BE EVIL

> *« I wanna be evil, I wanna hurt flies*
> *I wanna sing songs like the guy who cries*
> *I wanna be horrid, I wanna drink booze*
> *And whatever I've got, I am eager to lose*
> *I wanna be evil, little evil me*
> *Just as mean and evil as I can be »*
>
> Eartha Kitt,
> **« I Want to Be Evil »**

Tilda Swinton a incarné la Sorcière blanche dans *Le Monde de Narnia* et Madame Blanc dans le remake de *Suspiria*. Elle était tout de blanc vêtue dans *The Limits of Control*, Stetson inclus. Sa peau et ses cheveux étaient blancs dans *Only Lovers Left Alive*, la plupart de ses vêtements aussi. À la sortie de *Doctor Strange*, elle dut faire face aux accusations de *whitewashing* (blanchiment) liées à son interprétation du personnage de l'Ancien (dans les comics de Marvel, un vieil homme tibétain). Tilda Swinton est blanche, très blanche, et cette couleur de peau – ou cette absence de couleur désignée, par opposition aux « *people of color* » – est aussi ce qui relie toutes les actrices croisées jusqu'ici. Quel chemin aurait-on pu emprunter si, au lieu de s'intéresser à Margaret Hamilton, on avait suivi Hattie McDaniel ? Première femme noire à remporter un oscar (en 1940, pour sa prestation dans *Autant en emporte le vent/Gone with the Wind* de Victor Fleming, le même que celui du *Magicien d'Oz*), McDaniel, comme Hamilton, a joué les domestiques à la pelle : créditée dans une centaine de films, elle a été servante, gouvernante ou cuisinière dans les trois quarts d'entre eux. Quand on lui faisait remarquer la récurrence, cette fille d'esclaves répondait qu'elle préférait jouer les bonnes « plutôt qu'être une bonne ». À notre connaissance, elle ne fut toutefois jamais sorcière. Et pourquoi? Il se trouve que, dans un imaginaire occidental toujours à l'œuvre, la sorcière est rarement autre chose qu'une femme blanche (malgré des efforts récents du côté des séries américaines : citons *American Horror Story* de Ryan Murphy ou le reboot de *Charmed*), sauf à aller chercher du côté de l'animation (*Kirikou et la Sorcière* [Michel Ocelot, 1998], bien sûr, ou les films de Hayao Miyazaki, au rayonnement mondial). Du reste bien représentée dans le cinéma asiatique[41], cette figure du merveilleux paraît, depuis notre poste d'observation (soit pour l'essentiel un dialogue entre la France et le monde anglo-saxon), circonscrite à une seule image – c'est la question du manque d'espace, du « lieu à soi » dont parle Woolf. Comme par dérivation, dans une traversée spontanément irriguée par une culture populaire dominante, il semble que cela soit aussi, plus largement, le cas de « l'actrice-sorcière » (l'actrice singulière, marginale, démoniaque).

En 2018, l'ouvrage collectif *Noire n'est pas mon métier*, dirigé par Aïssa Maïga, abordait, témoignages à l'appui, le manque de visibilité dont sont victimes les comédiennes noires et métisses en France, en listant les options (peu nombreuses) d'incarnation : infirmières, prostituées ou « éternels rôles étriqués de mamas africaines »[42]. Pas sorcières donc, au mieux voyantes – au risque d'exalter une représentation mystérieuse, « magique », de la femme noire (ainsi d'Elsa Wolliaston dans *Victoria* de Justine

**41** Depuis le cinéma classique (*Les Contes de la lune vague après la pluie* du Japonais Kenji Mizoguchi [1953]) jusqu'à l'extrême contemporain et le film d'action très grand public (par exemple : *The Witch : Part 1. The Subversion* [*Manyeo*, littéralement « La Sorcière »] du Sud-Coréen Park Hoon-jeong en 2018).

**42** Aïssa Maïga, prologue à *Noire n'est pas mon métier*, Seuil, 2018.

Triet en 2016). «La seule chose qui différencie les femmes de couleur de toute autre personne, c'est l'opportunité», haranguait Viola Davis en décrochant l'Emmy de la meilleure actrice en 2015. «On ne peut pas gagner d'Emmy pour des rôles qui n'existent pas.»

Dans les histoires qu'on raconte aux enfants, la sorcière, c'est la méchante. L'antagoniste qui, par son seul surgissement, s'oppose aux bonnes intentions, au doux déroulement du programme. Par ricochet, elle est l'agent perturbateur, le déclencheur de l'action. Coup de tonnerre, éruption. L'affronter, c'est braver l'adversité, dépasser ses peurs et devenir plus fort : pour l'enfant qui se projette prince ou princesse, la sorcière sera vectrice d'affirmation car elle prépare au combat. Pour celui ou celle qui, à l'inverse, se projette sorcière, c'est également le cas – puisque le personnage est associé à une aura de puissance –, mais cette affirmation ira de pair avec la reconnaissance de sa propre solitude et, bien entendu, avec la conscience de la défaite en ligne de mire. L'enfant-sorcière comprend tôt qu'il sera isolé et ne gagnera pas à la fin et cela, pourtant, ne l'empêchera pas de préférer cette voie car il n'aura, dans l'autre, tout simplement aucune entrée. La sorcière a cela d'épatant qu'elle a, de longue date et souvent en secret, accueilli sous son aile de corbeau des générations d'enfants qui, pour des tas de raisons, se sentaient laissés-pour-compte, laissés-pour-conte.

Ce qu'il faut mesurer, cependant, c'est qu'il y a une marge après la marge et que, même être une sorcière, ça se mérite. Pouvoir être méchante, avoir la place de l'être, tenir ce rôle, est aussi un privilège. C'est le signe qu'on vous aura laissé vous placer du côté de celles qui crient, menacent, ricanent, jettent des sorts, s'envolent. Toujours dans *Noire n'est pas mon métier,* l'actrice Sara

Martins raconte par exemple s'être vu refuser le rôle de Lady Macbeth au théâtre parce que «ce personnage étant l'incarnation du mal, il ne p[ouvait] pas être interprété par une femme noire sans risquer de rendre la pièce manichéenne, voire raciste. L'enfer est pavé de bonnes intentions…»[43].

«I Want to Be Evil» («Je veux être diabolique») chantait l'Américaine Eartha Kitt en 1953 et c'était plus qu'un caprice : selon les paroles, changer de fauteuil au théâtre et écrabouiller les pieds des autres spectateurs, mentir, boire, être mauvaise (*That Bad Eartha* était le nom de l'album). Déranger, être entendue. Eartha Kitt a voulu être méchante, et on la connaît d'ailleurs surtout pour son rôle de Catwoman dans la série *Batman*, diffusée entre 1966 et 1968 sur ABC. Kitt reprit le rôle à la suite de Julie Newmar pour à peine trois épisodes de la troisième saison, mais son incarnation marqua durablement les esprits. C'était une vedette internationale du music-hall et elle avait les yeux de l'emploi – elle se décrivait déjà comme une «minette sexy». Le choix de casting coulait de source et l'idée était vouée à faire grand bruit : Eartha Kitt, bien avant Halle Berry ou Zoë Kravitz, devint à l'écran la première Catwoman à ne pas être blanche. Or, Catwoman est une figure de la séduction, ce qui impliquait de voir un homme blanc (et pas n'importe lequel : un super-héros) flirter avec une femme métisse, elle-même en combinaison moulante, sexualisée sans être objectivée. Tel que le note l'universitaire américaine Deborah Elizabeth Whaley, «la performance de Kitt s'inscrivait en opposition des rôles dévolus aux femmes noires, dans la mesure où elle ne correspondait ni à la

**43** *Ibid.*, p. 66-67.

traditionnelle mamma, ni à la Jézabel, ni à la mulâtresse tragique, pas plus qu'à la femme noire en colère, caricatures alors abondamment véhiculées à la télévision et au cinéma»[44]. Kitt en tirait de la fierté et répéta la partition sans rechigner pour le restant de ses jours. En 1980, invitée au bal d'investiture de Ronald Reagan, elle s'arrêta devant une petite fille intriguée par sa flamboyante apparition : «Tu ne sais pas qui je suis, n'est-ce pas? Je suis Catwoman!» Après le ronronnement de rigueur, l'enfant fit le lien, béate, et toutes deux posèrent pour les paparazzis.

Son prénom dérive du mot «*earth*», la Terre. Elle est née dans une plantation de coton, en 1927, fille illégitime d'une adolescente noire Cherokee et d'un père blanc inconnu. Ce mélange imprimé sur sa peau claire, qui n'était pas le fruit de l'amour (mais probablement celui d'un viol), lui valut dans sa jeunesse d'être rejetée aussi bien par les Blancs que par les Noirs. Lorsque sa mère voulut se marier, son compagnon n'accepta pas cette «petite jaune» sous son toit. À six ans, sa mère la confia avec sa demi-sœur à des voisins. «S'il faut que je me sépare d'Eartha, dira-t-elle, je donnerai les deux, au moins elles seront ensemble.» À huit, elle fut recueillie par sa tante et s'installa à New York, dans le quartier de Harlem. Sa voix avait déjà été repérée à l'église, autant qu'à l'école son aptitude à captiver un auditoire. Elle prit très tôt des cours de danse. Elle avait seize ans quand elle auditionna sur un coup de chance pour la chorégraphe et anthropologue Katherine Dunham. Elle obtint une bourse, voyagea avec la compagnie et gagna son premier cachet solo à Paris, au Carroll's, le cabaret où

---

**44** «Black Cat Got Your Tongue?: Catwoman, Blackness, and the Alchemy of Postracialism», *Journal of Graphic Novels and Comics*, vol. 2, 2011.

régnait Frede (amante entre autres de Marlene Dietrich). Kitt avait vingt ans et ne devait pour ainsi dire plus quitter la scène jusqu'à sa mort, en 2008, d'un cancer.

Fréquemment, les nécrologies d'Eartha Kitt commencent par la phrase d'Orson Welles : « La femme la plus excitante du monde ». En 1950, Welles avait choisi la jeune Eartha pour incarner, entre deux tours de chant, Hélène de Troie dans son spectacle *Time Runs*, adaptation de *La Tragique Histoire du docteur Faust* de Christopher Marlowe. Ce fut un grand succès. Excitante, elle l'était surtout car ils ne couchèrent jamais ensemble (elle fit taire les rumeurs) ; Kitt se contentait de le regarder manger et de boire ses paroles : c'était « une relation professionnelle » (de même que son amitié avec James Dean n'était qu'une amitié). L'image de l'ensorceleuse à la libido dévorante lui colla malgré tout à la peau et elle s'appliqua à la nourrir à grand renfort de gestes équivoques et autres tenues félines (fourrures, imprimés léopard...). Goûts de luxe façon cocotte, elle jouait la croqueuse de diamants en s'emparant de l'exotisme qu'on projetait sur elle. Un personnage de femme panthère qui ronronne « C'est si bon », fantasme de foire digéré et servi chaud bouillant à la table de la bonne société blanche, épouses et maris en goguette. Au virage des années 1980, la *party girl* se reconvertit diva disco au look Cruella d'Enfer et fut adoubée icône gay par les tubes « Where Is My Man » (1983) et « I Love Men » (1984). Le grand public retrouva l'indéboulonnable Catwoman en body satiné face à Eddy Murphy dans la comédie *Boomerang* (Reginald Hudlin, 1992) où elle campait une allumeuse de soixante-cinq ans. Dix ans avant, le documentariste Christian Blackwood lui avait consacré un film : *All by Myself: The Eartha Kitt Story*.

Je ne connaissais pas bien Eartha Kitt, du moins pas au-delà des clichés. Au départ, ce n'est pas pour elle que j'ai voulu voir ce documentaire, c'est pour une séquence en particulier. J'étais tombé sur un extrait sur YouTube : cette femme, port de danseuse, les cheveux tirés et le visage nu, parlant de son rapport aux relations amoureuses devant un mur de bougainvillées. Une voix lui demande si, par amour, elle serait disposée à faire des concessions. Elle pose sa tasse, effarée, et s'adresse à l'intervieweur invisible, presque menaçante : «Des concessions? Qu'est-ce que ça veut dire, des concessions? Des concessions, pourquoi? Pour quelles raisons? Pourquoi faudrait-il que je fasse des concessions?» L'intervieweur, impassible, reprend : «Si un homme entrait dans votre vie, vous ne seriez pas prête à faire des concessions?» Le vent fait ondoyer les fleurs et le petit visage rond s'éclaire. D'un coup, elle éclate de rire, un rire tonitruant, guttural, la bouche grande ouverte. Et balaye la question : «Ridicule!... Un homme entre dans ma vie et je dois faire des concessions... Pourquoi?» Trois fois «pourquoi», jusqu'à s'assombrir à la dernière occurrence (l'actrice) et rabrouer la personne derrière la caméra : «Une relation amoureuse doit être méritée, sans aucune concession!» Elle tend le buste pour parler d'amour, ouvre les bras. «Je demande aux hommes de partager l'amour que j'ai pour moi.»

La scène se situe à l'exact milieu du film de Christian Blackwood, charnière et synthèse. *All by Myself: The Eartha Kitt Story* raconte une histoire de solitude et d'amour-propre interprétée par une actrice dans son propre rôle, capable de virer à l'orage d'un moment à l'autre, puis de redevenir soleil en saluant le pianiste qui s'en va. Avant ce passage, elle a donné une leçon de show-business au Waldorf et un cours de danse à des jeunes filles défavorisées. Après, elle part sur les traces d'une enfance en friche, recherche la tombe de sa mère, craque, s'embrouille, s'éloigne, puis remonte sur scène, chante, chante, chante, et finit par s'effondrer sur un fauteuil en coulisse, au milieu de gens qui ne paraissent plus la voir, meuble parmi les meubles, « vidée ».

Fidèle à son titre, le portrait s'ouvre et se ferme par une reprise d'« All by Myself ». Kitt l'interprète de tout son cœur, tout à la fois moineau, fillette et vieille dingue peinturlurée. Elle a les yeux qui roulent, proche du déraillement. C'est le même morceau au début et à la fin, comme si le film n'avait duré qu'une chanson, comme si ses images n'avaient été qu'une émanation de la mélodie, qu'un rêve. Ce n'est pas une redite, c'est une reprise (ce qu'on reprend là où on l'a laissé). C'est comment, en dépit du chemin parcouru, on retrouve la même rengaine, le même refrain. Comment on tourne dans un manège, comment personne ne guérit jamais de sa jeunesse. Cela fait du documentaire un ensemble fermé sur lui-même, triste objet rappelant par le montage le sujet à sa propre solitude. D'un autre côté, il ne la laisse pas non plus éteinte dans sa loge, mais la ramène *in extremis* sur scène par le col, à l'endroit où, de sa blessure, elle pourra faire un don. La caméra ne filme pas le public, elle ne la lâche pas, solidaire, et s'éloigne juste un peu avant de se rapprocher pour les dernières notes. La chanteuse baisse la tête, afro plein écran. Un instant, on croit qu'elle pleure, et puis non : elle se relève dans un petit rire gamin. Et ça se finit comme ça.

*All by Myself: The Eartha Kitt Story* est travaillé par l'éternel retour des choses : le ressac sur la plage, les néons défilants de Manhattan la nuit, les sols labourés et secs de la Caroline du Sud. Arbres fruitiers, feuilles mortes. On s'y déplace en voiture, en avion, mais on y tourne en rond. Le cycle, comme celui de saisons, offre néanmoins la perspective d'une renaissance, autant qu'il confère un centre au film, un point de convergence : la maison, pour en revenir aux bougainvillées, y est une aire de repos bienvenue. Eartha Kitt vivait dans une propriété avec un potager et des poules sur les collines de Beverly Hills. Question hors-champ : « Est-ce qu'on ne se sent pas seule dans une grande maison comme celle-ci ? » Réponse :

> « D'une façon intéressante, oui, je me sens seule. Sans ma fille, évidemment, je serais très seule. Mais, au bout du compte, ce qu'on réalise, c'est qu'une maison, c'est tout ce qu'on recherche dans la vie. La maison ne me fait pas me sentir seule. C'est une compagnie très réconfortante, cette maison. Je l'aime beaucoup. Ils m'ont proposé tellement d'argent pour cet endroit, mais je ne crois pas qu'il y ait quoi que ce soit de plus cher que l'âme que j'y ai mise. [...] C'est ma maison. J'ai payé pour elle. Mes tripes sont ici. »

*There's no place like home*. En anglais, le mot « *home* » rassemble en son sein aussi bien la maison en tant que bâtiment que la notion de foyer. Eartha Kitt a eu une fille d'un bref mariage dont elle était très proche. Cette fille s'appelle Kitt, c'est son prénom. C'était une manière pour la mère de s'assurer que son enfant porterait toujours son nom (elle est née Kitt McDonald et s'appelle aujourd'hui Kitt Shapiro). Étonnamment, c'est quelque chose qu'Eartha Kitt partage avec Margaret Hamilton : le fils unique de la « Méchante Sorcière de l'Ouest » s'appelle Hamilton. Hamilton Meserve, « Ham ».

Eartha Kitt fut longtemps mise à l'index aux États-Unis. Sa prise de position contre la guerre du Vietnam, balancée à la choucroute de Lady Bird Johnson en 1968 lors d'un déjeuner caritatif à la Maison-Blanche (au point de faire sangloter la Première dame), lui valut d'essuyer un sévère retour de bâton. Deux heures après cet incident diplomatique, le président Lyndon B. Johnson fit part de son mécontentement et, dans les jours qui suivirent, Kitt se retrouva blacklistée partout. Ses contrats furent annulés, son téléphone mis sur écoute, son domicile cambriolé. On sut plus tard que la CIA parlait d'elle comme d'une «nymphomane sadique». Elle partit avec sa fille en Angleterre et poursuivit en Europe et en Asie sa carrière polyglotte. À son retour en Amérique, elle fit un triomphe à Broadway dans la comédie musicale *Timbuktu*, en 1978.

Ainsi qu'elle l'écrivit dans ses mémoires publiées en 1989, elle ne voulait même pas se rendre à ce déjeuner, s'estimant peu à sa place, et déclina d'abord l'invitation. Face à l'insistance du secrétariat de la Première dame, elle finit par accepter. Le thème était poliment précisé sur le carton : «Pourquoi y a-t-il tant de délinquance juvénile dans les rues des États-Unis ?» Impliquée dans le tissu associatif, métisse, populaire, Eartha Kitt était censée faire une parfaite interlocutrice. Mais pendant le repas, entre les fleurs et la bisque de homard, elle prit vite conscience qu'elle ne serait qu'une silhouette sur la photo. Elle remit par conséquent le motif initial au cœur de la conversation et posa en retour une question à son hôte : «Est-ce que cela ne pourrait pas être lié à notre implication au Vietnam ?» Au fait que des jeunes gens servent de chair à canon? Au fait que les Afro-Américains sont mathématiquement beaucoup plus susceptibles d'être appelés à servir sous les drapeaux que les Blancs ? Les protestations s'élevaient alors un peu partout dans le pays. 1968 fut l'année la plus meurtrière de la guerre du Vietnam, avec près de 17 000 victimes américaines.

Kitt eut d'autres engagements. Elle était féministe et, mine de rien, renvoya l'image réjouissante d'une femme à la sexualité libérée, choisie, épanouie, et ce peu importe son âge – l'allumeuse de soixante-cinq ans en body satiné. Elle était mobilisée en faveur des droits des homosexuels et supporta activement le mariage entre personnes de même sexe. Elle plaisait à une communauté qui lui resta fidèle en se pressant à ses concerts. En 1992, sur la radio de la BBC, on lui demanda comment elle expliquait ce lien particulier. Elle avait sa petite idée :

> « Nous sommes tous des personnes rejetées. Nous savons ce que c'est que d'être refusés. Nous savons ce que c'est que d'être opprimés, dépréciés, puis accusés. Je suis très consciente de ce sentiment. Rien au monde n'est plus douloureux que le rejet. Je suis une personne rejetée et opprimée. Alors je les comprends, du mieux que je peux, même si je suis hétérosexuelle. »

« Votre sexualité ne les effraie pas », enchaînait l'intervieweur. « Non, concluait-elle, pas plus que la leur ne m'effraie. »

En 1998, le temps d'une tournée américaine, Eartha Kitt reprit le rôle de la Méchante Sorcière de l'Ouest en remplacement de Roseanne Barr dans une version live du *Magicien d'Oz*. Les critiques furent très moyennes, le *New York Times* ne voyant là qu'une « pâle copie » du film, mais le journaliste, Lawrence Van Gelder, concédait tout de même au show un certain savoir-faire pour ravir le public, le faire chanter et applaudir à l'unisson. Miss Kitt était accueillie en triomphe. À plus de soixante-dix ans, elle pétait le feu. Son entrée, selon l'article, « dans le rôle de la menaçante Miss Gulch (et future Méchante Sorcière) évoqu[ait] le genre de plaisir et de mépris cartoonesque qui, dans un match de catch, salue l'arrivée du grand méchant, lorsque celui-ci grimpe sur le ring et se glisse entre les cordes ». Quand il débarque et que la tension monte avec lui. Il s'avance, bande ses muscles, offre son corps aux huées. Chacun connaît l'issue du combat, lui le premier, et pourtant il prend toute la place sur l'estrade. Le grand méchant, la grande méchante. À califourchon sur son vélo, elle pédalait jusqu'au milieu de la scène, freinait et commençait par jeter un regard mauvais vers la salle, en geste de connivence. Trois secondes, l'air de dire : me voilà.

*« They say that I'm a witch,*
*And that I weave a spell*
*Well, I'll be a son of a*
*I don't know what*
*Well*
*Let me tell you brother*
*I'd rather be burned as a witch,*
*Than never be burned at all.»*

Eartha Kitt,
**«I'd Rather Be Burned as a Witch»**

# capricci

## LA PREMIÈRE COLLECTION

**Werner Herzog**
*MANUEL DE SURVIE*
*entretien avec Hervé Aubron et Emmanuel Burdeau*

**Werner Herzog**
*CONQUÊTE DE L'INUTILE*

**Jim Hoberman**
*THE MAGIC HOUR*
*une fin de siècle au cinéma*

**Luc Moullet**
*NOTRE ALPIN QUOTIDIEN*
*entretien avec Emmanuel Burdeau et Jean Narboni*

**Luc Moullet**
*PIGES CHOISIES*
*(de Griffith à Ellroy)*

**Stan Brakhage**
*THE BRAKHAGE LECTURES*
*(Méliès, Dreyer, Griffith, Eisenstein)*

**Slavoj Žižek**
*TOUT CE QUE VOUS AVEZ TOUJOURS VOULU SAVOIR SUR LACAN SANS JAMAIS OSER LE DEMANDER À HITCHCOCK*

**Murray Pomerance**
*ICI COMMENCE JOHNNY DEPP*

**Jean Narboni**
*...POURQUOI LES COIFFEURS?*
*notes actuelles sur* Le Dictateur

**Michel Delahaye**
*À LA FORTUNE DU BEAU*

**Judd apatow**
*COMÉDIE, MODE D'EMPLOI*
*entretien avec Emmanuel Burdeau*

**James Agee**
*LE VAGABOND D'UN NOUVEAU MONDE*

**Fredric Jameson**
*FICTIONS GÉOPOLITIQUES*
*cinéma, capitalisme, postmodernité*

**Monte Hellman**
*SYMPATHY FOR THE DEVIL*
*entretien avec Emmanuel Burdeau*

**Jean Gruault**
*HISTOIRE DE JULIEN & MARGUERITE*
*scénario pour un film de François Truffaut*

**Emmanuel Burdeau**
*VINCENTE MINNELLI*

**Walter Murch**
*EN UN CLIN D'ŒIL*
*passé, présent et futur du montage*

**Louis Skorecki**
*SUR LA TÉLÉVISION*
*de Chapeau melon et bottes de cuir à Mad Men*

**Philippe Cassard**
*DEUX TEMPS TROIS MOUVEMENTS*
*un pianiste au cinéma*
*entretien avec Marc Chevrie et Jean Narboni*

**Jia Zhang-ke**
*DITS ET ÉCRITS D'UN CINÉASTE CHINOIS (1996-2011)*

**Stanley Cavell**
*LA PROTESTATION DES LARMES*
*le mélodrame de la femme inconnue*

**Benoît Delépine & Gustave Kervern**
*DE GROLAND AU GRAND SOIR*
*entretien avec Hervé Aubron & Emmanuel Burdeau*

**Luc Moullet**
*CECIL B. DeMILLE, L'EMPEREUR DU MAUVE*

**Peter Szendy**
*L'APOCALYPSE-CINÉMA*
*2012 et autres fins du monde*

**Florian Keller**
*COMIQUE EXTRÉMISTE*
*Andy Kaufman et le Rêve Américain*

**Adolpho Arrietta**
*UN MORCEAU DE TON RÊVE*
*underground Paris-Madrid 1966-1995*
*entretien avec Philippe Azoury*

**Kijû Yoshida**
*ODYSSÉE MEXICAINE*
*voyage d'un cinéaste japonais 1977-1982*

**Ed Wood**
*COMMENT RÉUSSIR (OU PRESQUE) À HOLLYWOOD*
*les conseils du plus mauvais cinéaste de l'Histoire*

**Philippe Azoury**
*PHILIPPE GARREL, EN SUBSTANCE*

**Kirk Douglas**
*I AM SPARTACUS!*
*(hors format)*

**Pierre Léon**
*JEAN-CLAUDE BIETTE, LE SENS DU PARADOXE*

**Thomas Harlan**
*VEIT*
*d'un fils à son père, dans l'ombre du Juif Süss*

**Pierre Perrault**
*ACTIVISTE POÉTIQUE*
*filmer le Québec*
*entretien avec Simone Suchet*

**Steve Martin**
*MA VIE DE COMIQUE*
*Du stand-up au au Saturday Night Live*

**Linda Williams**
*SCREENING SEX*
*Une histoire de la sexualité sur les écrans américains*

**Marc Cerisuelo, Claire Debru**
*OH BROTHERS !*
*sur la piste des frères Coen*

**Buster Keaton & Charles Samuels**
*LA MÉCANIQUE DU RIRE*
*autobiographie d'un génie comique*

**Collectif**
*FILMER DIT-ELLE*
*le cinéma de Marguerite Duras*

**Bob Woodward**
*JOHN BELUSHI*
*la folle et tragique vie d'un Blues Brother*

**William Castle**
*COMMENT J'AI TERRIFIÉ L'AMÉRIQUE*
*40 ans de séries B à Hollywood*

**Thomas Harlan**
*UNE VIE APRÈS LE NAZISME*
*entretien avec Jean-Pierre Stephan*

**Collectif**
*QUENTIN TARANTINO*
*un cinéma déchaîné*

**Pascal Bonitzer**
*LA VISION PARTIELLE*
*écrits sur le cinéma*

**Jérôme Momcilovic**
*PRODIGES D'ARNOLD SCHWARZENEGGER*

**Sidney Lumet**
*FAIRE UN FILM*

**Paul Verhoeven**
*À L'ŒIL NU*
*entretien avec Emmanuel Burdeau*

**Hervé Aubron & Emmanuel Burdeau**
*WERNER HERZOG, PAS À PAS*

**Jean Narboni**
*SAMUEL FULLER, un homme à fables*

**Peter Bogdanovich**
*LES MAITRES D'HOLLYWOOD (TOME I)* (hors format)

**Judd Apatow**
*MES HÉROS COMIQUES* (hors format)

**Peter Bogdanovich**
*LES MAITRES D'HOLLYWOOD (TOME II)* (hors format)

**Murielle Joudet**
*ISABELLE HUPPERT*
*vivre ne nous regarde pas*

**Roger Corman**
*COMMENT J'AI FAIT 100 FILMS SANS JAMAIS PERDRE UN CENTIME*

**James Baldwin**
*LE DIABLE TROUVE À FAIRE*

**Youssef Chahine**
*LE RÉVOLUTIONNAIRE TRANQUILLE*
*entretien avec Tewfik Hakem*

**Éric Rohmer**
*LE SEL DU PRÉSENT*
*chroniques de cinéma*

**Murielle Joudet**
*GENA ROWLANDS*
*on aurait dû dormir*

**Gabriela Trujillo**
*MARCO FERRERI*
*le cinéma ne sert à rien*

*LE CINÉMA SELON JEAN-PIERRE MELVILLE*
entretien avec Rui Nogueira
(hors format)

**Mathieu Macheret**
*JOSEF VON STERNBERG*
*les jungles hallucinées*

**Luc Moullet**
*MÉMOIRES D'UNE SAVONNETTE INDOCILE*

**Stella Adler**
*L'ART DU JEU D'ACTEUR*
(hors format)

**HORS COLLECTION**

---

**Frédéric de Towarnicki**
*LES AVENTURES DE HARRY DICKSON*
*scénario pour un film*
*(non réalisé) par Alain Resnais*

**André S. Labarthe**
*LA SAGA « CINÉASTES, DE NOTRE TEMPS »*
*une histoire du cinéma en 100 films*

**Emmanuel Burdeau**
*VINCENTE MINNELLI*

**Collectif**
*OTTO PREMINGER*

**Collectif**
*DANSE ET CINÉMA*
(en coédition avec le Centre national de la danse)

**Joe Eszterhas**
*À LA CONQUÊTE D'HOLLYWOOD*
*le Guide du scénariste qui valait un milliard*

**Collectif**
*LE JOUR OÙ*
*30 histoires insolites de cinéma*

**Laurent Mauvignier**
*VISAGES D'UN RÉCIT*

**Jean Narboni**
*LA NUIT SERA NOIRE ET BLANCHE*
*Barthes, La Chambre claire, le cinéma*

**Benoît Forgeard**
*L'ANNÉE DU CINÉMA 2027*

**Collectif**
*GEORGE CUKOR*
*on/off Hollywood*

**Tag Gallagher**
*JOHN FORD*
*l'homme et ses films*

**Collectif**
*SAM PECKINPAH*

**Amos Vogel**
*LE CINÉMA, ART SUBVERSIF*

**Xavier Kawa-Topor & Philippe Moins (dir.)**
*LE CINÉMA D'ANIMATION EN 100 FILMS*

**Collectif**
*FRANCIS FORD COPPOLA*

**Collectif**
*LA SAGA HBO*

**Axel Cadieux**
*VOYAGES À TWIN PEAKS*

**Collectif**
*JACQUES TOURNEUR*

**Helkarava**
*CINÉPHILOU*

**Collectif**
*CINQ POLARS DU XXI^E SIÈCLE*

**Collectif**
*CINQ NOUVELLES FANTASTIQUES DU XXI^E SIÈCLE*

**Collectif**
*LEO McCAREY*

**Michael Dudok de Wit**
*LE CINÉMA D'ANIMATION SENSIBLE*
*entretien avec X.Kawa-Topor et I.Nguyên*

**Frank Beauvais**
*NE CROYEZ SURTOUT PAS QUE JE HURLE*

**Axel Cadieux**
*LE DERNIER RÊVE DE STANLEY KUBRICK*
*enquête sur* Eyes Wide Shut

**Hervé Gauville**
*LE CINÉMA PAR LA DANSE*

**Collectif**
*BLACK LIGHT*
*pour une histoire du cinéma noir*

**Xavier Kawa-Topor & Philippe Moins**
*STOP MOTION*
*un autre cinéma d'animation*

**Ray Carney**
*CASSAVETES PAR CASSAVETES*

**Jean Narboni**
*LA GRANDE ILLUSION DE CÉLINE*

## ACTUALITÉ CRITIQUE

**Emmanuel Burdeau**
*LA PASSION DE TONY SOPRANO*

**Philippe Azoury**
*À WERNER SCHROETER, QUI N'AVAIT PAS PEUR DE LA MORT*

**Juan Branco**
*RÉPONSES À HADOPI*
*suivi d'un entretien avec Jean-Luc Godard*

**Jacques Rancière**
*BÉLA TARR, LE TEMPS D'APRÈS*

**Stéphane Bouquet**
*CLINT FUCKING EASTWOOD*

**Louis Skorecki**
*D'OÙ VIENS-TU DYLAN?*

**Axel Cadieux**
*UNE SÉRIE DE TUEURS*
*les serial killers qui ont inspiré le cinéma*

**Guillaume Orignac**
*DAVID FINCHER OU L'HEURE NUMÉRIQUE*

**Xavier Kawa-Topor**
*CINÉMA D'ANIMATION, AU-DELÀ DU RÉEL*

**Louis Blanchot**
*LES VIES DE TOM CRUISE*

**Marc Cerisuelo**
*LETTRE À WES ANDERSON*

**Emmanuel Levaufre**
*WES CRAVEN, QUELLE HORREUR?*

**Philippe Azoury**
*JIM JARMUSCH, UNE AUTRE ALLURE*

**Hervé Aubron**
*Génie de Pixar*

**Jérôme Momcilovic**
*CHANTAL AKERMAN*
*Dieu se reposa mais pas nous*

**Michel Chion**
*DES SONS DANS L'ESPACE*
*à l'écoute du space opera*

**Jérôme Momcilovic**
*MAURICE PIALAT*
*la main, les yeux*

## CAPRICCI STORIES

**Arthur Cerf**
*MARLON BRANDO*
*les stars durent dix ans*

**Matthieu Rostac**
*MEL GIBSON*
*sur la brèche*

**Maxime Donzel**
*JOAN CRAWFORD*
*Hollywood Monster*

**Adrien Gombeaud**
*BRUCE LEE*
*un gladiateur chinois*

**Lelo Jimmy Batista**
*ROBERT MITCHUM*
*l'homme qui n'était pas là*

**Yal Sadat**
*BILL MURRAY*
*commencez sans moi*

**Camille Larbey**
*MARLENE DIETRICH*
*celle qui avait la voix*

**Sébastien Gimenez**
*JEAN GABIN*
*maintenant je sais*

**Lelo Jimmy Batista**
*NICOLAS CAGE*
*envers et contre tout*

*À paraître*

**Faustine Saint-Geniès**
*ROMY SCHNEIDER*
*les acteurs se brisent si facilement*

## LA COLLECTION SOFILM

**Collectif**
*LE JOUR OÙ...*
*30 histoires insolites de cinéma*

**Collectif**
*DEPARDIEU*

**Collectif**
*NEW YORK STORIES*

**Collectif**
*LES LÉGENDES DU CINÉMA FRANÇAIS*

**Collectif**
*LES SOPRANO*

*À paraître*

**Collectif**
*THE WIRE*

**Collectif**
*BREAKING BAD*

## DVD

**Dominique Marchais**
*LE TEMPS DES GRÂCES*

**Ingmar Bergman**
*EN PRÉSENCE D'UN CLOWN*

**Jean-Charles Hue**
*LA BM DU SEIGNEUR*

**Monte Hellman**
*ROAD TO NOWHERE*

**Abel Ferrara**
*GO GO TALES*

**André S. Labarthe**
*LA DANSE AU TRAVAIL*

**André S. Labarthe**
*ROY LICHTENSTEIN,*
*NEW YORK DOESN'T EXIST*

Abel Ferrara
*4H44. DERNIER JOUR SUR TERRE*

Edward S. Curtis
*IN THE LAND OF THE HEAD HUNTERS*

Jean-Charles Hue
*MANGE TES MORTS*

Abel Ferrara
*PASOLINI*

Alexeï Guerman
*IL EST DIFFICILE D'ÊTRE UN DIEU - KHROUSTALIOV, MA VOITURE !*

André S. Labarthe
*CAROLYN CARLSON AU TRAVAIL*

Jacques Nolot
INTÉGRALE

Albert Serra
*LA MORT DE LOUIS XIV*

Ado Arrietta
*BELLE DORMANT*

Hong Sangsoo
*LE JOUR D'APRÈS*

Jindrich Polák
*IKARIE XB 1*

Leonardo Di Costanzo
*L'INTRUSA*

Jean-Luc Godard
*GRANDEUR ET DÉCADENCE D'UN PETIT COMMERCE DE CINÉMA*

Hong Sangsoo
*SEULE SUR LA PLAGE LA NUIT*

F.J. Ossang
*9 DOIGTS*

Jacques Colombat
*ROBINSON & COMPAGNIE*

Djamel Kerkar
*ATLAL*

Corneliu Porumboiu
*FOOTBALL INFINI*

Kim Ui-Seok
*AFTER MY DEATH*

Hu Bo
*AN ELEPHANT SITTING STILL*

Kenji Mizoguchi
COFFRET 8 FILMS

Nietzchka Keene
*QUAND NOUS ÉTIONS SORCIÈRES*

Frank Beauvais
*NE CROYEZ SURTOUT PAS QUE JE HURLE*

Claude Schmitz
*BRAQUER POITIERS*

Abel Ferrara
*TOMMASO*

Hong Sangsoo
*LA FEMME QUI S'EST ENFUIE*

Bill Gunn
*GANJA & HESS*

Just Philippot
*LA NUÉE*

Baptiste Drapeau
*MESSE BASSE*

*À paraître*

Giovanni Aloi
*LA TROISIÈME GUERRE*

Le texte est composé en *Piek*, dessinée par Philipp Herrmann.

Images :
Couverture © DR *eXistenZ* est disponible en DVD chez BQHL
p. 1 © DR *Sailor et Lula* est disponible en Blu-ray chez Universal.

Achevé d'imprimer en décembre 2021 par Flex - Union européenne

Dépôt légal : janvier 2022